In der Reihenfolge des Auftritts:
Shireen, Zareena, Lee
Ihr seid das Wertvollste, was mir
bisher passieren konnte.

Peter Kensok

Der Werte-Manager –
das Arbeitsbuch

Wertemanagement im Coaching, Selbstcoaching und für Teams

Mit einem Bonuskapitel zu Wertemanagement mit wingwave®-Coaching

Umwelthinweis:
Dieses Buch wurde auf chlor- und säurefreiem
Papier gedruckt

1. Auflage 2012

© 2012 Verlag Jürgen Wagner
Südwestbuch / SWB-Verlag, Stuttgart

Idee und Konzept: Peter Kensok, Stuttgart
Herstellung: Jürgen Bauer, Remscheid

Druck und Verarbeitung: E. Kurz + Co., Druck
und Medientechnik GmbH, Stuttgart
www.e-kurz.de
Printed in Germany

ISBN: 978-3-942661-39-3

www.swb-verlag.de

Die Beispiele in diesem Buch

Ich danke meinen Seminarteilnehmern und Klienten für die vielen Beispiele, die ich für dieses Arbeitsbuch zum Werte-Manager auswerten konnte. Die Beispiele basieren auf realen Fällen, wurden aber für den vorliegenden Zweck anonymisiert.

Inhalt

Einleitung

Der Werte-Manager hat nach seinen ursprünglichen Entwürfen aus den 1980er Jahren das Erwachsenenalter längst erreicht und freut sich inzwischen gewissermaßen über Kinder und Enkel. Im Jahr 2000 erschien das Konzept als A.M.P.E.L.-Format zum ersten Mal in der damaligen Zeitschrift »MultiMind« des Junfermann-Verlags, Paderborn. Ich hatte meine Abschlussarbeit für den Master im Neurolinguistischen Programmieren (NLP) dem Thema Werte gewidmet und für das Verfahren ziemlich viel Anerkennung bekommen.

Im Umfeld meiner Trainerausbildung schlug Katja Dyckhoff (Bonn) vor, den ersten beiden Dimensionen, Werte und Rollen, die Metaprogramme als dritte Dimension hinzuzufügen. Metaprogramme sind meist unbewusste Tendenzen, wie dass sich jemand hauptsächlich an der Vergangenheit orientiert oder erst aktiv wird, wenn eine Situation bedrohlich wird (Schmerz-Prinzip), statt seine Aufmerksamkeit vorrangig auf angenehme Dinge zu richten (Freude-Prinzip). Die Metaprogramme waren im A.M.P.E.L.-Format als »Motivatoren« bereits angedeutet. Im Werte-Manager, wie Katja Dyckhoff und ich ihn dann gemeinsam aufbereiteten, wurden sie enger an den Werte-Rollen-Abgleich, eine Tabelle oder »Entscheidungsmatrix«, herangeführt. Die Möglichkeiten der Analyse und der präzisen Identifikation von Handlungsempfehlungen für Einzelpersonen und Teams vervielfältigten sich dadurch.

Durchgesetzt hat sich vor allem das Grundverfahren aus dem ursprünglichen Konzept, während die Metaprogramme vor allem als Moderationshilfen bei der Suche nach Lösungen genutzt wurden. Auch wenn ein Anwender ohne die Skalierung der Metaprogramme in Bezug auf die Werte und Rollen unter den tatsächlichen Möglichkeiten bleibt, finde ich sogar das in Ordnung. Ich werde in diesem Arbeitsbuch vor allem auf das eingehen, was im Coaching von Einzelpersonen (»Du-Coaching«), im Selbstcoaching und im Teamcoaching auch Einsteigern leicht gelingt und am meisten genutzt wird.

Der Werte-Manager wurde dafür entwickelt, etwas nicht wirklich Messbares zu visualisieren. Das Verfahren hat nie den Anspruch exakter Wissenschaft gehabt. Das ist beim Thema Werte auch kaum möglich. Wir entwickeln im Rahmen einer Standortbestimmung eine Metapher zu unseren Werten und den Rollen, in denen wir diese Werte leben. Die Analyse sollte innerhalb des Weltbildes unserer Klienten natürlich möglichst präzise sein. Das Arbeitsbuch zum Werte-Manager ist dazu eine weitere Hilfe.

In den Ausbildungen und Supervisionen haben manche Anwender ihre häufig sehr alte Scheu vor mathematischen und statistischen Konzepten aus der Schule und Universität wieder aufleben lassen. Solche Blockaden haben andere Ursachen als den Werte-Manager, so hoffe ich jedenfalls. Doch auch in den ganz »harten« Fällen reichte eine kurze Intervention, um diese Sperren aufzuheben. Mein erstes Mittel der Wahl dafür ist wingwave*, ein modernes Verfahren des Emotionscoachings, das 2011 sein zehnjähriges Jubiläum feierte.

Ich bin selbst wingwave-Coach und wingwave-Lehrtrainer. Da Wertemanagement immer mit Gefühlen zu tun hat, lag es nahe, das Wertemanagement als ein weiteres Anwendungsgebiet für das wingwave-Coaching vorzustellen. Das wird in diesem Arbeitsbuch im »Bonuskapitel für wingwave-Coachs« geschehen. Auch wenn Sie nur durch das Lesen des Kapitels kein wingwave-Coach werden und ich Ihnen dazu die offizielle Ausbildung empfehle, werden Sie einen Eindruck von diesem Coachingverfahren bekommen. Informieren Sie sich gerne über die Internetseiten im Anhang und die Literaturhinweise zu Kursen und Vertiefungsseminaren.

Ein Einwand gegen den Werte-Manager ist manchmal der Glaubenssatz, man dürfe Themen seiner Klienten nicht auf diese Weise »quantifizieren«. Das Leben und wertebasierte Themen seien nicht in Zahlen zu fassen. Der Werte-Manager insgesamt sei zu »blau«.

In manchen persönlichkeitsbeschreibenden Verfahren gilt die Farbe Blau für Details bis hin zur Kleinlichkeit, in anderen für »praktische« oder

---

* **w**ing**w**ave® ist eine eingetragene Marke von Cora Besser-Siegmund, Hamburg.

gar »kriegerische« Anteile. Manchmal wurde deshalb sogar geschlossen, der Werte-Manager an sich tauge nur für »Blaue«, und ich als einer seiner Entwickler müsse selbst ein »Blauer« sein. Das streite ich natürlich sofort ab.

Die »feinstofflichen« Anteile, zu denen ich im Coaching mit dem Werte-Manager einen Zugang zu haben meine und dadurch meinen Klienten seit vielen Jahren helfen kann, sind alles andere als »blau«. Dieser Hinweis hilft auch denjenigen, die den Werte-Manager für das Selbstcoaching nutzen, zum Beispiel als Standortbestimmung ihrer Work-Life-Balance oder besser Life-Work-Balance. In der richtigen Deutung des aktuellen Zustands von beruflichen und privaten Rollen ist der Werte-Manager eine großartige Hilfe für alle Nutzer: Einzelpersonen, Paare, Familien, Teams bis hin zu Konzernen – und den anwendenden und moderierenden Coachs. Sie sollten wissen, was sie tun.

Gerne erinnere ich mich an ein spontanes Wertecoaching auf einem Flughafen. Ausgerechnet nach einem Seminar zu »Motivationstraining für Führungskräfte« saß ich neben einer ziemlich deprimierten Geschäftsfrau, die ebenfalls das Seminar besucht hatte. Auf einer einfachen Serviette identifizierten wir ihre wirklichen Werte und analysierten ihre Lebenssituation in einem Werte-Rollen-Abgleich. Besser kann man die Wartezeit bis zum Abflug kaum nutzen: Ihr Bewusstsein für Erfolg und Sinnhaftigkeit drehte sich nahezu um. Sozusagen von Frust zu Lust.

Ein anderes Beispiel war der Zusammenschluss von 15 zuvor unabhängigen Firmen unter einem gemeinsamen Dach. Der Geschäftsführer der neuen Gesellschaft engagierte mich für einen Tag, den Führungskräften bis zum Abend eine Orientierung zu den möglichen gemeinsamen Werten zu geben. – Wie langweilig!

Im Gegenzug bot ich an, ab 9 Uhr morgens die Werte des Teams soweit zu identifizieren und zu verdichten, dass jeder um 11 Uhr bereit sein würde, die gemeinsame (!) Werteliste zu unterschreiben. Den Rest des Tags würden wir an einem Fünfjahresplan für die Verwirklichung dieser Werte arbeiten und hätten noch genügend Zeit, nach dem Mittagessen spazieren zu gehen.

»Unmöglich!«, meinte mein Auftraggeber.

»Warum fragen wir die Leute nicht selbst, ob sie auf solch einen etwas anderen Werte-Tag Lust hätten?«, entgegnete ich.

Um 11 Uhr unterschrieben alle die Werte, die wir gemeinsam identifiziert hatten, bis Mittag stand der Entwurf für eine verfasste Teamidentität aufgrund dieser Werte. Wir gingen spazieren. Abends hatten wir für alle Werte Kriterien der Verwirklichung in den nächsten drei bis fünf Jahren – schwarz auf weiß. Zudem waren die Verantwortlichkeiten zugeordnet, und schon am nächsten Tag konnte mit der Umsetzung begonnen werden.

Mein Auftraggeber war ziemlich sauer und schlug sogar meine Hand zum Abschied aus.

Knapp vier Wochen nach dem Workshop entschuldigte er sich dafür und lud mich in den Besprechungsraum seines Teams ein. Der Raum strahlte die Würde eines ägyptischen Grabmals aus, in dem statt der Wandmalereien die Flipcharts von unserem Werte-Tag aufgehängt waren. Der Geschäftsführer: »Meine Mitarbeiter gehen nahezu jeden Tag in diesen Raum und schauen sich an, wie weit sie mit ihrer Umsetzung der Ziele schon fortgeschritten sind.«

Mich berühren und rühren solche Entwicklungen, selbst wenn ich als Coach schon einiges erleben durfte, wie wir noch sehen werden.

In meiner Zusammenfassung der letzten Jahre – inzwischen der letzten drei Jahrzehnte – war das Wertemanagement ein gutes Kapitel. Ich hoffe, dass in diesem Arbeitsbuch deutlich wird, wie wir damit Orientierung und Identität gewinnen. Das Arbeitsbuch zum Werte-Manager kommt keinesfalls zu spät. Es ist eine Ergänzung dessen, was bereits angelegt war, denn auch das ursprüngliche Buch war eine Anleitung mit zahlreichen Beispielen.

Der vorliegende Band kommt ohne das ursprüngliche Buch »Der Werte-Manager« aus, wobei ich hier weniger ausführlich auf die Metaprogramme eingehen werde. Nach einer Einführung der Grundlagen stelle ich den Werte-Manager in seinen Hauptanwendungsbereichen vor:

Ich beginne mit dem Coaching einer einzelnen Person (»Du-Coaching«). Wie in meinen Kursen zum Wertemanagement sind Sie eingeladen, diese Vorführung oder Demonstration sozusagen als Zuschauer mitzuerleben. Was Sie dabei lernen, hilft Ihnen anschließend beim Selbstcoaching. Danach folgt eine Variante für das Coaching von Teams mit dem Werte-Manager.

Um nach solchen Standortbestimmungen mit dem Werte-Manager weiterzuarbeiten, haben sich die Metaprogramme als Orientierung und Frageanleitung bewährt. Auch wenn es je nach Autor bis zu 64 Metaprogramme gibt, kommen wir als Werte-Manager mit gut einem Dutzend Metaprogramme schon recht weit, und die werden in diesem Kapitel skizziert. Sie lernen dadurch, auf welche Aspekte Sie nach der Standortbestimmung achten können.

Dann kommt das »Bonuskapitel für wingwave-Coachs«. Hier stelle ich eine mögliche Anwendung von wingwave im Wertemanagement vor. Da das Coaching von Rebecca mit dem klassischen Werte-Manager beginnt, werden Sie auch für das normale »Du-Coaching« ein weiteres Beispiel erleben. Der Wiederholungseffekt hilft auch denjenigen, die wingwave noch gar nicht kennen.

Ich bleibe im Bonuskapitel im Wesentlichen bei der Anwendung von wingwave auf den Werte-Manager und seinen Prinzipien. So kann man einzelne Elemente des wingwave-Coachings für den gesamten Werte-Manager oder Teile davon nutzen, falls Sie als wingwave-Coach zum Beispiel auf die Entwicklung der Grundtabelle ganz verzichten und das Wertecoaching sehr schnell gehen muss.

In der Kombination mit wingwave-Elementen binden wir limbische Reaktionen stärker in das Wertemanagement ein und kommen in der Regel noch schneller auf Lösungen im Sinn der Auflösung von Blockaden wie auch auf Lösungen im Sinn von gezielten Handlungsplänen.

Dass das Wertemanagement und ein ausdrückliches Verfahren des Emotionscoachings so wunderbar zueinander passen, beendet dann hoffentlich auch die Diskussion, der Werte-Manager sei vor allem ein »blaues« Verfahren. Das war er nämlich nie. Schon immer waren unsere eigene Intuition und die unserer Klienten, sowie deren Emotionen zur Standortbestimmung mit dem Werte-Manager gefordert.

Nutzen wir gerne also beide Hemisphären, die logische und die bildhaft / emotionalen Hälften unseres Gehirns, und brechen wir eine Lanze für ein Wertemanagement, das Klarheit bewirkt – und sogar Spaß macht!

Stuttgart, September 2012   Peter Kensok

Für den Ausgleich zwischen Privat und Beruf

Der Werte-Manager war zunächst vor allem unter NLP-Anwendern bekannt, weil die ersten Veröffentlichungen in diesem Umfeld stattfanden. Tatsächlich ist dieses Instrument für das Selbst- und Fremdcoaching jedoch niemals nur für professionelle Kommunikatoren noch ausschließlich für NLP-Anwender gedacht gewesen. Seine Geschichte reicht in die frühen 8oer Jahre zurück, als selbst NLP als neue Wissenschaft der Kommunikation erst in den Kinderschuhen steckte. Ich studierte damals Ethnologie in Münster und verfasste eine Arbeit darüber, wie der Wertewandel in der modernen ghanaischen Literatur dargestellt wurde. Die Erkenntnisse von damals mündeten in eine Methode, die 2000 als A.M.P.E.L.-Format und seit 2004 als »Der Werte-Manager« veröffentlicht ist.

Der Werte-Manager ist eigentlich einfach. Die Anwender müssen nur wissen, was Erfüllungskriterien sind und wie sie daraus die Werte ableiten. Dann werden die Rollen identifiziert, auf die man gerade neugierig ist. Nach der Bewertung der Werte in den Rollen kann es bereits mit der Analyse zugunsten von Handlungsalternativen gehen.

Aber ganz so einfach ist es wohl doch nicht. Deshalb empfehle ich Trainern, Coachs und Therapeuten im Rahmen eines zwei- oder mehrtägigen Vertiefungsseminars eine Einweisung und Supervision für dieses Instrument. Selbst ein Buch wie das vorliegende wird immer unvollständig bleiben, wenn es um die Besonderheiten in der Anwendung im Einzelfall geht.

Mit dem Arbeitsbuch möchte ich alle Leser unterstützen, das Wertemanagement als Standortbestimmung und Hilfe für die eigene Entwicklung, die Entwicklung ihrer Klienten und Teams zu nutzen. Sie als Leser müssen keine NLP-Ausbildung absolviert haben, um die vorliegende Anleitung zu verstehen. Dennoch könnte es sein, dass Sie sich dazu angeregt fühlen, sich mehr mit NLP zu beschäftigen. Sollten Sie sogar Lust auf eine Ausbildung haben, informieren Sie sich gerne über die entsprechenden Ausbildungen dazu. Im Anhang finden Sie dazu Adressen und Kontaktdaten.

Im Zusammenhang mit dem Wertemanagement fällt sehr schnell das Stichwort Life-Work-Balance. Das Wertemanagement, wie ich es hier vorstelle, ist geeignet, einen Entwicklungsplan für private und berufliche Rollen zu moderieren und dadurch eine Balance zwischen dem privaten und dem Arbeitsumfeld zu schaffen.

Wertemanagement ist somit auch ein Mittel gegen Burn-out, weil Sie wieder lernen, sich mit dem zu identifizieren, was Sie tun. Denn das eigentliche Ziel ist nicht zu tun, was man will, sondern zu wollen, was man tut, wie das folgende Kapitel zeigt: Warum sollten wir uns überhaupt mit Wertemanagement beschäftigen?

Motivation durch Werte

Ein Judofreund ruft an. Er ist der zweite Trainer diese Woche, der aus beruflichen Gründen gerade sein – ehrenamtliches – Training für die Erwachsenen unseres Vereins nicht selbst leiten kann. Der Dritte hat sich beruflich so sehr verausgabt, dass er schon seit Wochen aus gesundheitlichen Gründen als Helfer ausfällt. Er bedauert das, und vielleicht ist genau das der Grund, warum seine Ärzte sich über seinen Reha-Fortschritt wundern müssen. Seine Verpflichtung gegenüber der Gruppe geht ihm über fast alles. Er ist sehr motiviert.

Rechtlich gesehen, muss jemand kurz vor 18 Uhr an der Turnhalle sein. Das Rechtliche interessiert mich in diesem Fall kaum. Nicht egal sind mir dagegen die Kinder, die von uns Judo-Meistern etwas erwarten dürfen – und können sollten. Genauso wichtig ist mir die Möglichkeit, meinem Sportkameraden zu helfen. Wer meine Hilfe braucht, bekommt sie auch, weil er weiß, dass ich nun einmal »so« ticke, und das nicht nur beim Sport.

Warum aber ist mir das manchmal sogar wichtiger, als auf meine eigene Gesundheit zu achten? Und warum finde ich oft doch noch eine Lücke in meinem vollen Kalender, wenn mich jemand braucht?

Es geht wieder einmal um Gefühle, um richtig gute Gefühle, die ich schon einmal hatte und am liebsten jeden Tag wieder haben möchte, auch wenn es irgendwo im Körper deswegen zwickt und zwackt und der materielle Nutzen ganz hinten ansteht.

Der direkte Weg zum Gefühl

Bei Gefühlen geht es immer auch um Werte. Und wenn es um Werte geht, dann geht es immer auch um Motivation: Werte motivieren. Und nur Gefühle tun das auch. Am besten nähern wir uns Werten also über Gefühle und über die Erfüllungskriterien dieser Gefühle, also das, was diese Gefühle bewirkt. Diese Erfüllungskriterien sind der kürzeste Weg zu den Werten, so wie die Luftlinie von A nach B.

Ich weiß seit 30 Jahren Wertemanagement und einer gehörigen Prise Anthony Robbins, dass man dabei über den Begriff »Wert« gar nicht erst diskutieren sollte, es sei denn, man ist Philosoph und bekommt Geld dafür.

Ein Professor sah das anders und schimpfte heftig über das Buch »Der Werte-Manager«. Er hatte zuvor die Laudatio für den Jubilar des Abends gehalten und sich dabei rhetorisch ziemlich warmgelaufen. Er verteilte Visitenkarten mit »Prof. Dr. ...« darauf und präsentierte sich ausführlich als Gewinner. Er war in jeder Hinsicht das Gold, das glänzt.

Als er bei mir ankam, schaltete er von einem Moment auf den nächsten um. Mein »Werte-Manager« hatte ihn komplett aus der Fassung gebracht. Die mildeste Variante war: »Wir haben deinetwegen das ganze scheiß (sic!) Wochenende über Werte diskutiert!« Dabei knallte er mein Buch auf den Stehtisch, dass die Sektgläser nur so schepperten.

Ich weiß aus eigener Erfahrung, dass sich gerade in Gruppen Diskussionen zum Thema Werte verselbstständigen können. Der Werte-Manager braucht das nicht. Er ist nicht philosophisch, sondern praktisch, konkret und lösungsorientiert.

Auch wenn mich der Professor irgendwie verletzte und dabei vor allem gegen meinen Wert »Wertschätzung« verstieß, machte er mich doch neugierig. Vielleicht tat ich ihm direkt etwas Gutes im Sinn dieses einen Wertes, dass ich mich als Objekt für seine Säuerlichkeit zur Verfügung stellte. Trotzdem war ich irritiert: Was motiviert jemanden, mein Buch auf eine private Party mitzubringen, in der Hoffnung, sich an mir austoben zu können?

»Hättest du die ersten 32 Seiten des Werte-Managers richtig gelesen, hättest du dir die Diskussionen um eine Definition von Werten sparen können!« antwortete ich.

Als er nach einer gefühlten halben Stunde wieder ausatmete, fragte er: »Wie das?«

Zehn Minuten später kannte er seine Werte. Und eine weitere halbe Stunde später hatte er zusätzlich eine vollständige Standortbestimmung aufgrund dieser Werte. Jetzt weiß er endlich, was ihn wirklich motiviert!

Wenn jemand bis 100 aufaddieren kann, und mehr braucht man dazu nicht, dann empfehle ich den Werte-Manager zur Standortbestimmung und für die Analyse der eigenen Motivation. Der Professor hat das jetzt verstanden, und ich schätze, dass es noch ca. 2000 informierte Werte-Manager weltweit gibt, die das Verfahren hoffentlich in diesem Sinn anwenden.

Der Werte-Manager arbeitet mit Tabellen und schafft dadurch Orientierung bei Werten und Rollen, in denen wir diese Werte leben. Tabellen sind im Werte-Manager ein Mittel der Visualisierung. Sie haben den Charakter von Metaphern, dienen der Klärung und helfen bei der Deutung der eigenen Lebenssituation.

Werte motivieren uns für das nächste Freibier unter Freunden. Und sie lassen uns handeln, wenn sich unser Vorschulkind losreißt und trotz des herannahenden 13-Tonners über die B27 möchte. Motivation ist dann kein Problem. Uns motivieren Werte und Gefühle, die wir haben wollen und solche, die wir am meisten fürchten.

Freie Fahrt bei Grün!
Das Kürzel A.M.P.E.L. beim Vorgänger des Werte-Managers steht für »Angleichen multipler Projekte, Erfahrungen und Lebensstrategien«. Das geht auch auf Englisch: Aligning Multiple Projects, Experiences and Life Strategies. Das Format, wie es im NLP heißt, analysiert Herausfor-

derungen auf der Wertebene und zeigt auf vielfältige Weise Interventi-onsmöglichkeiten an. Der Werte-Manager ermöglicht eine Standortbe-stimmung der Werte in verschiedenen Rollen. Wobei Werte und Rollen ein jeweils zweckspezifisches System von Rechten und Pflichten sind; es lassen sich Verstöße gegen Werte ermitteln und Entscheidungen vorbe-reiten. Deshalb »Anpassen« von Erfahrungen und Lebensstrategien.

Der Impuls für die Entwicklung und Bezeichnung des späteren For-mats war die Zusammenarbeit mit einem Beratungsunternehmen, das Firmen nicht nur in einzelnen, sondern unter Umständen bei Hunder-ten von Projekten an verschiedenen Standorten der Welt begleitete. Das hieß dann »Multiprojektmanagement«.

Doch tatsächlich geht meine persönliche Geschichte des Formats noch viel weiter zurück. Da es immer und für jedes Interesse einen Grund gibt, gibt es diesen Grund auch für mich und in diesem Fall. Nach dem frühen Tod meiner Eltern war ich als junger Twen in der Familie ohne Vorbilder. Mir fehlten gewissermaßen die Pflöcke im Gelände, an denen ich mich orientieren konnte. Ich wusste am Ende meiner Pubertät nicht, wogegen ich möglicherweise hätte sein sollen und genauso wenig, was mich wirklich antreibt. Es gab niemanden, den ich um Rat fragen konnte, noch jemanden, den ich mich zu fragen getraut hätte und schon gar nie-manden, der die Verantwortung für eine Antwort zu übernehmen bereit gewesen wäre.

Dennoch gab es einen sehr starken Wert, der in dieser Situation in mir aktiv wurde: Kreativität. Und dieser Wert war vermutlich gepaart mit dem dringenden Wunsch, meine zwangsweise Unabhängigkeit mit sinnvollen Inhalten zu füllen. Irgendwie musste das alles doch zu irgend-etwas nützlich gewesen sein.

Kreativität als Wert ist seitdem einer meiner persönlichen »Top 10«: als Journalist, Trainer, Coach, Berater, Therapeut und überhaupt. Aus meiner damaligen Situation heraus hat dieser Wert vermutlich bewirkt, dass ich zum Thema Werte bis heute auf eine sehr praktische und lö-sungsorientierte Weise arbeite. Ich habe großen Respekt vor Philoso-phen, Theologen und Soziologen, die sich wissenschaftlich mit diesem Thema beschäftigen. Ich brauchte jedoch – sozusagen der damaligen

Not gehorchend – einen anderen Weg. Das hat mir so sehr geholfen, dass ich gerne gestehe: Mir fällt der rein akademische Zugang zum Thema Werte bis heute schwer. Ich brauche ihn nicht wirklich, wenn das Ergebnis eines Wertecoachings meine Klienten voranbringt. Entwicklung ist in diesem Fall für mich der höhere Wert.

Ich lernte in den 1980ern zum Beispiel, dass es nahezu unmöglich ist, den Begriff »Wert« zu definieren. Der Soziologe und Theologe Rüdiger Lautmann (1971) fand über 200 (!) brauchbare Definitionen, die alle »richtig« waren und dabei nicht einmal irgendwelche Inhalte benannten. Wenn also zwei Menschen miteinander über Werte oder gar den Wertewandel sprechen, dann schauen sie sehr wahrscheinlich in die gleiche Richtung – und auch das ist aneinander vorbei.

Viel einfacher ist es, sich sofort mit den konkreten Erfüllungskriterien der Werte zu beschäftigen und daraus zu entwickeln, was man eigentlich haben möchte. Und das sind immer wünschenswerte Emotionen. Wir erfahren uns selbst mit unseren verschiedenen Rollen, in denen wir diese Werte leben, als Multiprojekt. Erhebliche Abweichungen von dem Ideal eines gelebten Wertes in einer Rolle, und das ist ein »Nebenprodukt« des Werte-Managers, haben nämlich in der Regel Folgen für die anderen Rollen und können zu schwerwiegenden Identitätsproblemen führen. Wertemanagement ist eine systemische Arbeit, auch wenn es »nur« um uns selbst geht.

Wertemanagement ist auch eine Hilfe bei Entscheidungen und bei der Teamentwicklung. Statt der Rollen, die unsere Persönlichkeit mit ausmachen, können wir auf einfache Weise »Objekte« auf ihren Wertegehalt einschätzen. Solche Objekte können beispielsweise für einen Journalisten Aufträge bei verschiedenen Verlagen sein, für eine Wiedereinsteigerin in den Beruf, ob sie ihren Mann in dessen Firma unterstützt oder sich lieber doch selbstständig macht. Wir können sogar die Entscheidung für einen Rehpinscher oder eine Dänische Dogge als Objekt unter Werteaspekten mit Einfluss auf alle möglichen Rollen erfassen.

Wenn wir einen Faktor im Äußeren ändern, dann ändern sich auch die Verhältnisse aller Werte zu allen Rollen. Eigentlich liegt das nahe: Mit einem Schoßhund an der Leine lernen Sie eben andere Menschen kennen als mit einem freilaufenden Kampfhund. Und kann jemand den Wert Freundschaft zu Menschen in seinem Umfeld intensiver leben, dann verändert sich möglicherweise auch seine Einschätzung des Werts Entspannung als Kollege, Mitarbeiter oder Ehepartner. Wertemanagement beeinflusst die Systeme, in denen wir uns bewegen.

Wenn wir uns oder unsere Klienten im Wertemanagement als Multiprojekt begreifen, dessen Rollen (= Projekte) mehr oder weniger gut gemanagt sind, dann können wir seine Wertekongruenz steigern. Kongruenz steht für Echtheit. Das Ziel ist, stärker in Übereinstimmung mit unseren Werten zu handeln, wir erkennen entsprechend den Verkehrsampelfarben »rote« Situationen schnell, können an den »gelben« arbeiten und sie in jedem gewünschten privaten und beruflichen Bereich auf »Grün« schalten – von der Standortbestimmung hin zur Jahres- und Lebensplanung.

Die kleinen Unterschiede

So paradox das klingen mag, zeitraubend im Zusammenhang mit dem Werte-Manager sind Diskussionen über den Begriff Wert. Wir brauchen sie nicht, auch wenn die Versuchung groß ist, herauszufinden, wer mit seiner Definition recht hat und damit den weiteren Verlauf des Geschehens bestimmen zu können meint. Das trifft auf Coachs und ihre Klienten gleichermaßen zu.

Um diesen offensichtlichen Hunger nach einer Definition zu stillen, lasse ich in Seminaren und Trainings mit Gruppen die Teilnehmenden in Zweier- und Dreierteams innerhalb von fünf Minuten ihre »Wikipedia-Definition« zum Begriff Wert entwerfen und anschließend vortragen. Das Ergebnis ist grundsätzlich »babylonisch«. Bisher wurden ganz im Sinn Rüdiger Lautmanns alle Definitionen grundsätzlich von allen Teilnehmern abgenickt. Alle Teilnehmer scheinen sozusagen in die gleiche Richtung zu schauen, was – siehe oben – ja gleichfalls aneinander vorbei ist. Würden wir auf diese Unterschiede in den Definitionen beharren, dann wäre jede wirkliche Begegnung ausgeschlossen. Niemand hat ausschließlich recht und niemand ausschließlich unrecht.

Warum also sollte irgendwer auf eine Definition bestehen, die spätestens außerhalb des Seminarkontextes erweitert werden müsste? Diskussionen des Begriffs Wert brauchen einen anderen Ort als das Wertecoaching.

Da die Erfüllung von Werten unabhängig von der Definition in jedem Fall an Kriterien im äußeren und inneren Erleben festgemacht wird, beginnen wir gleich mit den Erfüllungskriterien für unsere Werte. Denn egal wie man Werte definiert, am Ende landet man von dort in der einen Richtung bei den Erfüllungskriterien und auf abstrakterem Niveau bei Begriffen des Emotionscoachings.

Bitte unterscheiden Sie nach dieser Hinführung hier eine wissenschaftliche Definition von der folgenden, groben Orientierung: Werte sind etwas, das wir aufgrund unseres Erlebens der Kriterien im Inneren und Äußeren empfinden.

Von den Empfindungen ausgehend können wir auf die aktuelle Neurophysiologie verweisen. Sie verortet Emotionen eben nicht nur im Gehirn, sondern vor allem im Körpergedächtnis. Werte hätten demnach eine Repräsentanz im Körper. So überprüfe ich das übrigens auch: »Kannst du Erfolg als Gefühl im Körper verorten, dann ist es für dich ein Wert.«

Übrigens kann »Erfolg« als Wert von jedem woanders gespürt werden. Jeder Ort im Körper ist für jeden Klienten richtig. Sogar Liebe muss nicht immer in der Herzgegend sein, auch wenn das meistens der Fall ist. Wir arbeiten im Werte-Manager im Weltbild unseres Klienten statt in unserem eigenen oder in irgendeinem Klischee. Auch das erspart uns Diskussionen.

Erfüllungskriterien

»Legen Sie die Hand dorthin, wo der richtige Ort für Liebe ist, nehmen Sie Kontakt mit dem Gefühl auf, das Sie dort empfinden. Und dann sagen Sie mir, was Sie an Ereignissen mit diesem Gefühl an diesem Ort in Ihrem Körper noch verbinden.«

Diese und ähnliche Suchankertechniken helfen, an weitere Erfüllungskriterien für den Wert Liebe zu kommen. Mehr noch, im Sinn des lösungsorientierten Coachings können wir so zum Beispiel fragen, woran jemand auch in seiner Rolle als Kollege erkennt, dass der Wert Liebe erfüllt und in welchem Maß er erfüllt ist. Das zugrunde liegende Erfüllungskriterium wird voraussichtlich ein anderes sein als in seiner Rolle als Vater, als Sohn oder als Abteilungsvorsitzender seines Sportvereins. Immer wird das Gefühl zu einem Kriterium führen, an dem der Klient die Erfüllung des Werts erkennt.

Umgekehrt reicht es völlig aus, den Klienten zu fragen: »Was magst du gerne in deinem Leben?« oder »Was hat dir in den Tagen der letzten Woche besonders gut gefallen?«. Wir erhalten eins oder mehrere sehr konkrete Erfüllungskriterien, die jeweils eines oder mehrere gute Gefühle bewirken und somit Werte bedienen.

Antwortet jemand zum Beispiel auf die Frage nach dem, was er mag, er möge gutes Essen, dann können wir ein bisschen intensiver hineinzoomen. Es ist ein Unterschied, ob er gutes Essen mit einer stillen Mahlzeit und allein verbindet. Ein romantisches Essen zu zweit bewirkt andere Gefühle als ein reichhaltiges Buffet in einem Hotel am Ballermann. Der Grillabend trägt andere Werte als ein Bankett mit hundert Gästen, und doch geht es immer um gutes Essen. Es werden jedoch immer andere Gefühle dabei ausgelöst, und diese Gefühle führen uns dann zu dem, was uns im Leben über das »gute Essen« hinaus sonst noch wichtig ist und was wir immer erleben möchten.

Dieser Kosmos der Werte ist so reichhaltig, faszinierend und für jeden so individuell wie sein Fingerabdruck. Dafür brauchen wir keine einheitliche Wertedefinition, mit der alle Philosophen dieser Erde einverstanden sein müssten. Als Orientierung reichen die Kriterien: abstrakt und fühlbar. So kann selbst »Vorbild sein«, wie in einem unserer Beispiele, ein Wert sein, dessen Benennung wir hier als Arbeitstitel stehen lassen, sofern die Klientin genau weiß, wie sich dieser Wert für sie anfühlt, wo im Körper dieses Gefühl repräsentiert ist und dass es sich von anderen Gefühlen unterscheidet.

Weg von »Von-Weg«-Werten

Ich werde immer wieder gefragt, warum der Werte-Manager die Von-weg-Werte nicht berücksichtigt. Schließlich sagen sogar Trainer wie der Amerikaner Anthony Robbins, bei dem ich unter anderem gelernt habe, dass der Schmerz, also das Von-weg, ein größerer Motivator sei als die Freude, das Hin-zu. Ich denke, dass Von-weg und Hin-zu nicht ohne einander können und bleibe im Werte-Manager aus psychologischen Gründen bei den positiven Werten, ohne die Von-weg-Werte zu ignorieren.

Wir können eben ein grünes Krokodil nicht nicht denken. Wir fokussieren in einem ergebnisorientierten Coaching auf das, was wir haben wollen, statt auf das, was wir vermeiden wollen. »Ich will keine Zigarette mehr rauchen!« taugt nur schwach als Ziel, weil ich ständig an die Zigarette denken müsste, die ich nicht mehr rauchen möchte. »Ich werde alles tun, für meine Freundin sexy zu riechen und meine Gesundheit für meine und die Enkel meiner zukünftigen Ehefrau zu erhalten«, eröffnet dagegen eine nützliche Zielperspektive.

Im Wertecoaching erkläre ich meinen Klienten: »Angenommen, Sie stehen am Rand einer bedrohlich steilen Klippe. Dann haben Sie zwei Möglichkeiten, sich von dieser Klippe fortzubewegen. Sie können ständig in Richtung des Abgrunds schauen. Oder Sie drehen sich um und genießen auf dem Weg zum rettenden Land den Anblick der herrlichen Blumen auf der Wiese und den der Menschen, die Sie wieder in die Arme schließen werden!«

Der Blick hin zu den positiven Werten ignoriert also nicht, was wir ablehnen und was uns verletzt. Statt zu fragen, welchem negativen Wert entspricht Kriterium »X«, fragen wir deshalb: »Gegen welche Werte, die dir wichtig sind, verstößt Kriterium X?«. Der nörgelnde Partner bewirkt Abscheu und Hass, die wir ablehnen, und er verstößt damit gegen die Werte Liebe, Anerkennung und Respekt, die wir erleben wollen.

Je mehr erwünschte Werte durch ein Kriterium im Äußeren verletzt werden, umso schmerzhafter ist es übrigens. Verstößt die Nörgelei nur gegen Anerkennung, dann ertragen wir es leichter, als wenn die Hälfte unserer Top 10-Werte davon betroffen wäre.

Die Skala von 1 bis 10

Anders als beispielsweise im wingwave-Coaching arbeite ich wegen der Hin-zu-Orientierung bei der Standortbestimmung im Wertemanagement mit einer einpoligen Skala, also einer Skala von 1 bis 10. Bewusst lasse ich die »0« weg, damit die Klienten von vornherein wissen, dass alle ihre Werte in all ihren Rollen eine Bedeutung haben und sich lediglich die Erfüllungskriterien von Rolle zu Rolle unterscheiden. Oder würden Sie 7,5 Stunden und mehr jeden Tag auf etwas verzichten wollen, das Ihre Persönlichkeit und Identität entscheidend ausmacht?

Hier ist die Haltung des Coachs wichtig: »Nimm das Gefühl Liebe und begib dich damit in deine Rolle als Verkäufer, woran erkennst du am ehesten, dass du dieses Gefühl in dieser Rolle lebst? Ist dir das auf einer Skala von 1 bis 10 genug? Dann darfst du diesen Wert für diese Rolle auch entsprechend hoch skalieren.«

Der Grund für die Beharrlichkeit an dieser Stelle ist, dass manche Klienten die Bedeutung eines Wertes in einer bestimmten Rolle heftig abstreiten. Zunächst jedenfalls: »Liebe geht mir über alles, aber ich will meine Kollegen nun einmal nicht lieben. Ich hab schließlich eine Freundin, die liebe ich. Und mit der schlafe ich auch ...«

Aber wenn jemand den Wert Liebe so hoch »über alles« hält, würde er ihn dann nicht auch unter den Kollegen leben wollen, mit denen er vermutlich jeden Tag mehr wache Zeit verbringt als mit seiner Freundin?

Dass er deshalb seiner Freundin treu bleiben darf, versteht sich von selbst.

Von der Rolle

Bleibt noch zu klären, was Rollen sind. Die Sozialwissenschaften sind sich darin ziemlich einig: Rollen sind Teilidentitäten und werden über Rechte und Pflichten definiert. Das ist gewissermaßen eine Abkürzung, die den Status einer Person mit einschließt. Eine Sekretärin hat andere Rechte und Pflichten als eine Chefsekretärin und eine Mutter andere als eine Großmutter, die natürlich Großmutter und Mutter in einer Person ist, aber jeweils die eigenen Kinder oder Kinder und Enkel hinzudenken muss.

Oder nehmen wir die Gruppe der Kollegen in einer Abteilung. Es gibt dort immer welche mit höheren und geringeren Kompetenzen und mit einer mehr oder weniger langen Zugehörigkeit zum Team. Gehören wir erst seit drei Wochen zu einem Team, werden wir uns den »alten Hasen« gegenüber jedoch bereits anders »verrechtet« und verpflichtet fühlen als dem Neuzugang von letzter Woche.

Außerdem können wir uns in der Rolle des Kollegen der Gruppe als Ganzes gegenüber definieren. Wir können uns als Teil der Abteilung, der Firma oder gar des Konzerns begreifen, dessen Angestellter wir sind.

In die Rollen können wir beliebig hineinzoomen: Wir sind »Bewohner« des Universums, der Milchstraße, unseres Planetensystems, der Erde, Europas, Deutschlands, Stuttgarts, der Stitzenburgstraße, von Haus Nummer 18, vom vierten Stock. Je nachdem, welche Rolle wir auf unsere Werte hin untersuchen, werden wir in jeder Dimension über andere Rollen-Rechte und Rollen-Pflichten definiert und sind doch immer nur ein »Bewohner«.

Genauso kann sich »der Familienmensch« als Familienoberhaupt, als Ehemann, Vater all seiner Kinder verstehen oder sich in einer jeweils anderen Rolle als Vater jedes einzelnen seiner Kinder abbilden. Rollen sind flexibel und können der aktuellen Lebenssituation entsprechend ausgetauscht werden.

Statt der Rollen können in den Werte-Rollen-Abgleich auch unterschiedliche Projekte oder gleiche Projekte, aber zum Beispiel an unterschiedlichen Standorten aufgenommen werden. In Teams bis hin zu Konzernen tragen wir die Namen der Mitarbeiter in die Rollenspalte ein.

Im Gegensatz zu den Rollen und Projekten sind Werte ein eindeutiger Kompass mit sehr langer, ich vermute sogar lebenslanger Haltbarkeit. Nach meinen Erfahrungen sind unsere Werte bereits in den ersten Lebensjahren angelegt und wollen immer wieder neu befriedigt werden und zwar in jeder Rolle und mit jeweils angemessenen Erfüllungskriterien. Wir wollen sein, was wir haben und was wir empfinden wollen. Wir sind, was wir empfinden. Ein Beispiel für die frühe Prägung, die sich durch das ganze Leben erhält, ist dieses hier aus einem realen Coaching.

Ein zweijähriger Nackedei spielt auf Baltrum am Strand. Gegen die

Sonne schützt eine Schirmmütze mit einem Tuch, das lose den Nacken des Kleinen bedeckt. Die Möwen kreischen, das Meer rauscht. Alles ist genauso, wie es sein muss – und es fühlt sich richtig gut an. Während der Kleine im Sand buddelt, weiß er irgendwie mit Sicherheit, dass ganz in der Nähe die Eltern sind und darauf achten, dass ihm nichts passieren wird.

Vierzig Jahre später ist der kleine Nackedei Vorstandsvorsitzender einer Unternehmensberatung und gibt im Wertecoaching der Strandszene den Stempel »Natürlichkeit«. Seine jetzige Position zwinge ihn jedoch immer wieder zu einer professionellen Steifheit, die er von Herzen hasst – und die ich im Coaching infrage stelle. Ich ankerte »Natürlichkeit« und schickte ihn auf die innere Suche nach möglichen Entsprechungen, also Erfüllungskriterien, in seinem jetzigen Umfeld.

Nach ein paar stillen Minuten sagt er: »Auf der Bühne toben wie Steve Balmer von Microsoft, das liegt mir nicht ... Ich könnte die nächste Hauptversammlung auf meine (!) Weise hemdsärmelig und in Jeans moderieren ... Und statt der Karten für klassische Konzerte, die ich als Tradition von meinem Vorgänger übernommen habe, könnten meine Mitarbeiter einen Korb voll edler Weine und anderen leckeren Sachen mit ihren Familien sofort genießen ...«

Diese neuen Erfüllungskriterien für seinen Wert »Natürlichkeit« waren der volle Erfolg auf der Hauptversammlung. Der hemdsärmelige Vorstandsvorsitzende kam authentisch rüber, er sprach befreit, so wie ihn seine Mitarbeiter auch im Alltag schätzten. Und in den Körben gab es für alle Familienmitglieder etwas zu entdecken. Sie waren ein wirkliches Geschenk, etwas einfacher vielleicht als ein Konzert, um das herum manche Mitarbeiter einen Babysitter oder die Versorgung der Eltern und Großeltern hätten organisieren müssen. Wagner und Tosca lagen den meisten nicht wirklich. Diese »Bildungsgutscheine« wären unter dem Gutgemeinten wieder einmal das Falsche gewesen.

Zusammenfassung:

- Werte sind abstrakte Begriffe und Emotionen, die wir körperlich zuordnen.
- Jeder Wert ist in jeder Rolle wichtig.
- Jeder Wert hat in voraussichtlich jeder Rolle andere Erfüllungskriterien.
- Verstößt ein Kriterium im Äußeren gegen erstrebte Werte, dann ist dies umso schmerzhafter, je mehr von den erstrebten Werte davon betroffen sind.
- Der Werte-Manager arbeitet in der Phase der Standortbestimmung mit einer einpoligen Skala von 1 bis 10 und der mehr oder weniger starken Erfüllung der angestrebten positiven Werte.

»Du-Coaching«

Vorbereitung

Für die Grundtabelle des Werte-Managers brauchen wir die wichtigsten Werte und Rollen des Klienten. Ich erkläre dem Klienten die wichtigsten Begriffe: Erfüllungskriterien, Werte und Rollen, wie im vorhergehenden Kapitel beschrieben. Die Erfüllungskriterien aktivieren Werte (wünschenswerte Gefühle) in den Rollen.

Ich erkläre auch, dass wir in der Auswertung die Ampelfarben Rot, Gelb und Grün verwenden werden. Rot steht für das untere, relativ schwach bewertete Drittel. Bei diesen »Baustellen« gilt es bei den Werten, Rollen und Werten in Rollen am ehesten etwas zu tun. Grün steht für »freie Fahrt« oder »Ressourcen«, das relativ stark bewertete Drittel, wo zurzeit alles in Ordnung ist. Gelb ist die Zwischenfarbe, die auch im Straßenverkehr zwischen Rot und Grün oder Grün und Rot aufleuchtet. Wir werden gelbe Spalten- und Rollen-Summen sowie Werte in Rollen als »beobachtbare Bereiche« bezeichnen. Sie können sich zu einer Ressource entwickeln, genauso aber auch zu einer Baustelle.

Auch der Werte-Manager, also Sie als Coach, sollte gut vorbereitet sein. Ein Flipchart ist unbedingt eine Hilfe. Ein Taschenrechner oder eine Excel-Tabelle für die Auswertung ebenso. Noch wichtiger jedoch ist die Grundeinstellung des Werte-Managers selbst: Seine Aufgabe als Moderator ist, sich mit seinem eigenen Weltbild aus dem des Klienten herauszuhalten. Letztlich kommt es auf den Klienten an und das, was für ihn Liebe, Erfolg, Geld und Ähnliches bedeuten.

Der Werte-Manager kann Formulierungsangebote machen: »Prüf einmal nach, ober der Begriff X für das zutrifft, was du beschreibst. Falls nicht, dann ist dein Begriff dafür derjenige, den wir nehmen.«

Ich finde, gerade Wertemanagement sollte wertschätzend sein. Und das höchste Gut ist, dass sich der Klient mit seiner »Landkarte«, also auch seinem ganz persönlichen Vokabular in dem Ergebnis wiederfindet.

Wenn ein Begriff gar zu weit weg ist von meinem eigenen Sprachgebrauch, dann nehme ich ihn auf und setze ihn der Einfachheit halber in Anführungszeichen. Er ist dann ein Arbeitstitel, bis uns irgendwann vielleicht ein besseres Wort dafür einfällt. So ersparen sich alle Beteiligten endlose Diskussionen. Der Werte-Manager kann sich ganz auf das Format konzentrieren, während er dem Klienten die Inhalte überlässt.

Der Klient:
Michael ist 40 Jahre alt und Geschäftsführer eines Instituts für die Ausbildung von jungen Führungskräften in Köln. Er ist verheiratet und Vater eines 12-jährigen Sohns. Seine Eltern leben beide noch, er hat eine ältere und eine jüngere Schwester sowie einen jüngeren Bruder. Auch wenn er sich als erfolgreich erlebt, zweifelt er daran, ob er mit seiner beruflichen Position bereits seine »ökologische Nische« gefunden hat. Um mehr Gewissheit zu bekommen, lässt er sich auf das Coaching mit dem Werte-Manager ein.

Ich habe ihm zunächst die Grundlagen erklärt. Er weiß, dass wir uns um eine Standortbestimmung für seine Werte kümmern und er dabei seine positiven Werte kennenlernen wird, das, was ihm also im Leben wichtig ist, statt das, was er vermeiden möchte. Er weiß auch, dass es im Verfahren eine Phase geben wird, in der er die aktuelle Werterealisation skalieren wird. Gleich danach wird er 45 Fragen beantworten, die ihm helfen, seine aktuelle Wertehierarchie zu erfassen. Danach werden wir das Ergebnis auswerten und gemeinsam die tatsächlichen Handlungsfelder diskutieren.

Erfassen der positiven Erfüllungskriterien
Im ersten Durchgang lasse ich Michael brainstormen, was er alles mag. Ich sporne ihn an, seine Aussagen fließen zu lassen, während ich auf dem Flipchart protokolliere. Dort steht zunächst nur eine Tabelle mit einem lächelnden Smiley als Symbol für das, was er mag. In dieser Spalte werden im Folgenden die positiven Erfüllungskriterien von Werten stehen, die er in diesem Moment nicht einmal erahnt.

Das ist die Liste der Antworten auf die Frage, »Was magst du gerne?«:

🙂 **Was magst du gerne?**	🙁 Worüber ärgerst du dich?	Werte
• Autofahren • Geburtstag feiern • meine Hochzeit • dem Sohn geht es gut • Aufträge besorgen/ akquirieren • Menschen helfen • Ski fahren • Gespräche mit der Cousine • Urlaub mit Frau und Tochter • woanders sein als »normal« • Sonnenschein • Schnee • in den Arm genommen werden • ganz lang in Urlaub fahren • […]		

Da Michael möglicherweise noch etwas anderes einfallen könnte, setze ich drei Punkte unter die Liste im Sinn von »Fortsetzung erlaubt«. Selbst wenn er dieses Angebot nicht nutzen sollte, weiß er, dass er die Möglichkeit hätte, weitere Gedanken zu äußern. Michael antwortet flüssig. Hätte er gestockt, dann wären folgende Fragen nützlich: »Geh mal die letzte Woche von Montag bis Sonntag durch, worüber hast du dich konkret gefreut?«

Je konkreter die Informationen sind, umso besser ist das. »Urlaub« ist nett, aber am Ballermann anders als auf dem Watzmann, auf einer Städtetour, als Kreuzfahrer oder im Beiwagen eines Motorradgespanns auf dem Weg von Paris nach Dakkar.

Da viele Träume wegen zu wenig Geld gar nicht erst geträumt werden dürfen, nutze ich eine zweite Hilfsfrage: »Der Jackpot beträgt zehn Millionen, und du hast gewonnen. Geld spielt plötzlich keine Rolle mehr, was machst du damit?« Michael antwortet darauf, dass das für ihn keinen Unterschied machen würde. Sonst hätte er weitere Erfüllungskriterien genannt.

Erfassen der negativen Erfüllungskriterien

Tatsächlich reichen im Wertemanagement zwischen 15 und 20 positive und negative Kriterien, um eine zuverlässige Werteliste zu entwickeln. Dabei setze ich voraus, dass die Antworten spontan kommen. Das gilt auch für die zweite Spalte mit dem traurigen Smiley: »Worüber ärgerst du dich?« Michael antwortet:

☺ Was magst du gerne?	☹ Worüber ärgerst du dich?	Werte

• Autofahren
• Geburtstag feiern
• meine Hochzeit
• dem Sohn geht es gut
• Aufträge besorgen/
  akquirieren
• Menschen helfen
• Ski fahren
• Gespräche mit der
  Cousine
• Urlaub mit Frau und
  Tochter
• woanders sein als
  »normal«
• Sonnenschein
• Schnee
• in den Arm genom-
  men werden
• ganz lang in Urlaub
  fahren
• […]
	• Fehler machen
	• der Sohn räumt das
	  Zimmer nicht auf
	• er kann seine Pflichten
	  im Haushalt nicht
	  erfüllen
	• verletzt werden
	• Unehrlichkeit
	• wenn über seinen Kopf
	  hinweg entschieden
	  wird
	• wenn man ihn
	  »auflaufen« lässt
	• im Stich gelassen
	  werden
	• allein sein
	• […]	

Auch hier gibt es wieder drei Pünktchen für »Fortsetzung erlaubt«. Ich biete das im normalen Wertemanagement an, auch wenn der Klient diese Option nicht nutzt.

Herausarbeiten der Werte
Jetzt wenden wir uns der dritten Spalte zu. Hier werden in den nächsten Minuten die Werte stehen. Wir werden dazu die Stichworte der ersten

Spalte durchgehen. Auch hier dürfen die Fragen ganz einfach sein: »Wofür ist Autofahren gut?« Michael antwortet spontan: »Freiheit.« »Wozu ist es für dich noch gut?« »Ich bin neugierig auf das Fahrgefühl und die Landschaften, und es macht mir Freude.«

Ich trage »Neugier« und »Freude« in die Spalte ein und hake »Autofahren« ab. »Wofür ist Geburtstag feiern gut?«

Michael antwortet: »Es gibt mir ein Gefühl von Gemeinschaft.«

»Was noch?«.

Er lacht: »Es macht Spaß. Und ich freue mich darüber, wenn es meinen Gästen gut geht.«

Ich erkläre ihm, dass selbstverständlich verschiedene positive Kriterien auch die gleichen Werte bedienen können und dass wir ab jetzt nur noch Werte ergänzen, die noch nicht auf der Liste stehen. So steht »Hochzeit« für Liebe, aber auch Spaß, Freude, Verbindlichkeit und Vertrauen.

Am Ende dieser Phase stehen diese Werte in der folgenden Liste:

☺ Was magst du gerne?	☹ Worüber ärgerst du dich?	**Werte**

• Autofahren
• Geburtstag feiern
• meine Hochzeit
• dem Sohn geht es gut
• Aufträge besorgen/
  akquirieren
• Menschen helfen
• Ski fahren
• Gespräche mit der
  Cousine
• Urlaub mit Frau und
  Tochter
• woanders sein als
  »normal«
• Sonnenschein
• Schnee
• in den Arm genom-
  men werden
• ganz lang in Urlaub
  fahren
• [...]
	• Fehler machen
	• der Sohn räumt das
	  Zimmer nicht auf
	• er kann seine Pflichten
	  im Haushalt nicht
	  erfüllen
	• verletzt werden
	• Unehrlichkeit
	• wenn über seinen Kopf
	  hinweg entschieden
	  wird
	• wenn man ihn
	  »auflaufen« lässt
	• im Stich gelassen
	  werden
	• allein sein
	• [...]
		• Freiheit
		• Neugier
		• Freude
		• Gemeinschaft
		• Spaß
		• Liebe
		• Verbindlichkeit
		• Vertrauen
		• Genuss
		• Gelassenheit
		• Sicherheit
		• Wachstum
		• Partnerschaft-
		  lichkeit
		• Zuverlässigkeit
		• Ehrlichkeit

Jetzt bearbeiten wir die Negativliste. Die Klienten fragen manchmal, warum wir nicht auch mit Von-weg-Werten arbeiten. Genau das tun wir in dieser Phase. Hass, Intoleranz und Respektlosigkeit sind sicher keine erstrebenswerten Ziele, aber sie aktivieren eine starke Von-weg-Energie, damit wir sie eben nicht erleben. Denn tatsächlich wollen die meisten Menschen ja das Gegenteil.

Ich füge hier meine »Abgrund-Metapher« ein: Wenn jemand am Abgrund steht, dann hat er zwei Möglichkeiten, sich von ihm zu entfernen.

Er kann sich mit Blick zum Abgrund rückwärts schreitend davon fortbewegen. Er kann sich jedoch auch umdrehen und das rettende Land, die Blumen auf der Wiese und die Menschen wahrnehmen, die ihn freudig empfangen werden. Dass er sich das Wünschenswerte anschaut, bedeutet ja nicht, dass er den Abgrund hinter sich ignoriert.

Übertragen auf unser Wertemanagement heißt das bei der Negativliste der Erfüllungskriterien: »Gegen welche erwünschten Werte verstoßen die einzelnen Kriterien in der mittleren Spalte? Und müssen wir Werte hinzufügen, die noch nicht auf der jetzigen Liste stehen?«

Während wir Kriterium für Kriterium durchgehen, lernt Michael, dass ein negatives Erfüllungskriterium besonders schmerzhaft ist, wenn es gegen mehrere seiner gewünschten Werte verstößt. »Fehler machen« verstößt für ihn, also in seinem ganz persönlichen Weltbild, gegen Gelassenheit, Sicherheit, Wachstum, Spaß und Vertrauen. »Allein sein« verstößt im Vergleich dazu für ihn nur gegen Gemeinschaft und Freude. Damit kommt er zurecht. »Fehler machen« verstößt jedoch gegen die Hälfte seiner Werte.

Es kommt vor, dass in dieser Phase die Liste der positiven Werte ergänzt werden muss. Bei Michael ist das nicht der Fall. Wir können gleich zur nächsten Phase übergehen, das »Eindampfen« unseres bisherigen Ergebnisses. 15 und mehr Werte sind nicht wirklich übersichtlich.

Ich habe mich seinerzeit für einen »redaktionellen« Eingriff aufgrund der Erfahrungen mit dem Werte-Manager entschieden. Schließlich soll er Übersicht schaffen. Zehn Werte sind genug. Wie wir sehen werden, kann Michael einige seiner Werte zusammenfassen: Sie werden Erfüllungskriterien für übergeordnete Werte, um die es ihm eigentlich geht.

Er sagt: »Neugier und Wachstum gehören zusammen.«

Ich frage: »Was davon ist für dich der führende Begriff, der Wert, der den anderen einschließt?«

Michael antwortet: »Wachstum.«

Ehrlichkeit und Partnerschaftlichkeit gehören für ihn ebenfalls zusammen, und der »höhere« Begriff ist Ehrlichkeit.

Wichtig im gesamten Ablauf ist, dass wir als Trainer im Weltbild des Klienten arbeiten. Selbst wenn Michael Begriffe anbietet, die ich niemals verwenden würde, sind sie für ihn gültig! Wenn also für uns Neugier und Wachstum sowie Ehrlichkeit und Partnerschaftlichkeit vier klar trennbare Werte sein sollten, gilt hier das, was der Klient sagt. Wir erarbeiten einen individuellen Abdruck seines Wertesystems, so wie jede seiner Fingerkuppen ein einmaliges Muster aufweist.

Durch die Zusammenfassung kommen wir schließlich zu zehn Werten:

- Freiheit
- Freude
- Gemeinschaft
- Liebe
- Vertrauen
- Genuss
- Sicherheit
- Wachstum
- Zuverlässigkeit
- Ehrlichkeit

Die Werteliste ist damit vollständig.

Erfassen der Rollen

Im nächsten Schritt frage ich Michael, welche Rollen ihn aktuell am meisten interessieren. Ich biete ihm dafür vier Bereiche an: Beruf, Privat, Selbst und eine »Joker-Rolle«. Diese Vorgabe hat den Vorteil, dass die Klienten sich von vornherein breiter in ihren Rollen anlegen. Statt sich nur auf »Geschäftsführer« und »Vater« zu beschränken, schließen sie sofort untergeordnete Rollen ein, sind im privaten Bereich auch »Sohn« und »Bruder«, »Ehemann« und »Hausmann« und so weiter.

Für manche Klienten hat diese Phase bereits eine heilsame Wirkung. Sie sind eben mehr als das langweilige, beruflich und privat funktionierende Wesen. Sie haben auch Selbst-Rollen, wie »Sportler«, »Leser« oder »breite Brust für andere zum Ausheulen«. Zehn Rollen sind im Übrigen eine gute Vorgabe für Klienten, die sich gerne verzetteln und nicht entscheiden wollen, wer sie hauptsächlich sind.

Michael nennt diese Rollen:

- Geschäftsführer
- Trainer
- Organisator
- Vater
- Ehepartner
- Bruder
- Spielgefährte des Sohns
- Freund
- Sohn
- Ich

Die letzte Rolle, »Ich« mag ich besonders gerne, da viele Klienten immer nur für andere funktionieren und sich dabei selbst überhaupt nicht wahrnehmen. Und natürlich wird es für Michael wichtig sein, eine »Gemeinschaft« mit sich selbst und sich selbst als »Gemeinschaft« mit anderen wahrzunehmen. Auch dieser Wert wird in dieser Rolle für ihn skalierbar sein.

Der Werte-Rollen-Abgleich

Wir haben jetzt zehn Werte und zehn Rollen für Michael erarbeitet und können zum Werte-Rollen-Abgleich übergehen. Hier empfehle ich Coachs, Tabellen vorzubereiten oder aber die Daten am Flipchart zu erfassen. Dort sollte es dann eine Tabelle mit zehn Werte-Spalten, zehn Rollen-Zeilen, je einer Summenspalte für Werte und Rollen geben und Oberhalb der Wertespalte genügend Platz für eine Strichliste des Wert-gegen-Wert-Abgleichs geben. Ich bevorzuge die Varianten am Flipchart, wenn ich mehr Zeit habe, bin inzwischen aber auch mit einer Excel-Tabelle und »bedingten Formatierungen« als Unterstützung bei der

Auswertung unterwegs, wenn es schnell gehen muss. Und das muss es meistens.

Wir haben jetzt also alles zusammen, damit Michael seine Werte skalieren kann. Die Tabelle ist vorbereitet mit den Werten in der obersten Zeile und den Rollen in der ersten Spalte. Das Ganze könnte ein Stadtplan von Mannheim-Mitte sein, mit quer und längs verlaufenden Straßenzügen und Kästchen, die wir als Häuserblocks wahrnehmen. So jedenfalls hat es ein Klient empfunden. Ein Ballonfahrer, der von oben sein Leben sieht und nach Bedarf auf die Straßenzüge oder das einzelne Haus schaut – eine wunderbare Metapher für Übersicht und eine heilsame Distanz, um Lösungen für offene Probleme zu erarbeiten.

Michael wird im Folgenden 100 Kombinationen von Werten und Rollen skalieren, stets nach dem System: »Auf einer Skala von 1 bis 10, wenn 1 flopp ist und 10 top, wie intensiv lebst du Wert X in der Rolle Y zurzeit?« Bevor er den Wert in der jeweiligen Rolle skaliert, führe ich ihn in die Rolle hinein:

»Erlebe dich jetzt als Geschäftsführer. Wo genau machst du das? Was nimmst du dabei sehend, hörend, fühlend, vielleicht sogar riechend und schmeckend wahr? Und wenn du in der Rolle drin bist, dann nickst du.«

Nach dem Nicken frage ich die Werte ab und achte darauf, dass die Antworten spontan kommen. Ich frage: »Auf einer Skala von 1 bis 10, wenn 1 flopp ist und 10 top: Wie lebst du den Wert Freiheit in deiner Rolle als Geschäftsführer zurzeit?«

Lautet die Antwort spontan und kongruent: »8.«, dann kann ich ziemlich sicher sein, dass dieser Wert aktuell zutrifft. Denkt Michael zu lange nach und antwortet: »Könnte 9 oder 10 sein.«, dann sage ich: »Welche Zahl tauchte auf meine Frage als erste auf?« »Naja, das war dann eine 8.«

Nach meinen Erfahrungen ist dieses erste Bild das Zutreffende. Wobei ich Michael sage, er müsse zu diesem Zeitpunkt gar nicht wissen, warum es eine »8« und eben keine »9« oder »10« sei.

Wichtig ist auch, dass der Klient die gesamte Skalenbreite ausnutzen darf. Das müssen wir ihm sagen, sonst ist »5« beispielsweise die Zahl der Mitte, wenn er sich nicht nach oben oder unten entscheiden mag. »Auch 5 sagt etwas über dich aus. Wenn du sie wirklich meinst, ist das richtig, wenn du darüber oder darunter liegst, dann ist das genauso erlaubt.«

Es gibt Klienten, die skalieren vor allem im unteren Bereich zwischen »1« und »5« oder im oberen Bereich zwischen »6« und »10«. Das unterscheidet möglicherweise die Zurückhaltenden von den Machern und die Pessimisten von den Optimisten. Da wir später jedoch die relativ höchsten und die relativ niedrigsten Werte für unsere Auswertung nutzen, ist jede Art von Skalierung erlaubt. Wir können wie bisher mit dem Strom des Klienten schwimmen.

Michael ist ein Glücksfall und hat bis hierhin auch verstanden, dass er alle seine Werte in allen seinen Rollen lebt und lediglich andere Erfüllungskriterien für die jeweilige Rolle hat. Liebe lebt er in seiner Rolle »Ehepartner« eben anders als in seinen Rollen als »Geschäftsführer«, »Freund« oder »Ich«. Damit kommt er auch nicht in die Gefahr, »Pseudo-Baustellen« zu produzieren, also niedrig zu skalieren, wo eigentlich Zufriedenheit herrschen könnte.

Pseudo-Baustellen sind Bereiche, in denen Werte für eine spezifische Rolle bereits ausreichend gelebt werden. Jemand behauptet, »Liebe« habe in seiner Rolle als Kollege keine Bedeutung und besteht sogar auf einer »0« als skalierten Wert. »0« wird im Werte-Manager gar nicht erst angeboten. Ich bitte den Klienten, den Wert »Liebe« zu spüren und ihn dann in seine Rolle als Kollege mitzunehmen: »Ist das, was du jetzt für den Wert Liebe in dieser Rolle erlebst, für dich zu diesem Zeitpunkt ausreichend? Und wie skalierst du den Wert jetzt.« Die Antwort in diesem realen Beispiel aus dem Wertemanagement lautete: »6. – Und das passt auch so.«

Michael hat diesen Beispiele aufmerksam zugehört und ist damit für die Tabelle gut vorbereitet. Er soll die Rollen nicht gegeneinander aufrechnen, deshalb drehe ich im Folgenden das Flipchart um. Außerdem werde ich die Pausen zwischen den jeweiligen Rollen kurz halten und wechsle in der Abfrage die Lebensbereiche. Auf eine berufliche Rolle folgt zum Beispiel eine private Rolle und dann eine »Selbst«-Rolle.

Das Gleiche mit den Werten: Ich frage sie für die Rollen nicht in der jeweils gleichen Reihenfolge ab. Vielleicht war Freiheit in der Rolle »Geschäftsführer« der erste Wert, bei »Organisator« ist es der vierte und bei

»Vater« der letzte, den ich wissen möchte. Dadurch verhindere ich, dass Michael die Rollen miteinander vergleicht und die gleichen Erfüllungskriterien für unterschiedliche Rollen bewertet.

Jeder Wert wird in jeder Rolle abgefragt und die Zahl in die Tabelle eingetragen. Das ist durchaus anspruchsvoll für den Klienten, denn er muss innerhalb weniger Minuten 100 Bewertungen vornehmen. Damit ist er aber noch nicht fertig, denn gleich nach dem Werte-Rollen-Abgleich lasse ich ihn immer zwei Werte nach ihrer aktuellen Wichtigkeit bewerten.

Abfrage Wert gegen Wert

In den Ausbildungen werde ich immer wieder gefragt, warum wir die Werte nicht gleich nach ihrer Ermittlung priorisieren, das heißt also, sie in eine Reihenfolge der Wichtigkeit bringen. Zum einen skalieren viele Klienten anders, wenn sie ihre Top 3 unter ihren Top 10 kennen. Zum anderen ist die Reihenfolge der Werte je nach Rolle unterschiedlich und kann sich jederzeit auch ändern. Ich nutze das folgende Verfahren erst nach (!) dem Abschluss des Werte-Rollen-Abgleichs, um für die spätere Auswertung eine aktuelle Hierarchie der Werte zu haben. Sie ist nicht zwingend nötig, unterstützt aber die feinere Interpretation der Analyse.

Ich frage Michael also, was ihm wichtiger ist: »Freiheit oder Freude?«, »Freiheit oder Gemeinschaft?« bis »Freiheit oder Ehrlichkeit?«

Danach geht es weiter mit »Freude oder Gemeinschaft?«, »Freude oder Liebe?« bis »Freude und Ehrlichkeit?«

So wird Wert mit Wert abgeglichen. Am Flipchart markiere ich dabei jedes Mal den Treffer, also den aktuell wichtigeren von zwei Werten mit einem Zählerstrich. Wenn Michael gerade keine Präferenz nennen kann, zum Beispiel bei Gemeinschaft und Sicherheit, dann helfe ich ihm mit einer Alternativfrage: »Kannst du Gemeinschaft haben, ohne Sicherheit zu erleben? Oder kannst du Sicherheit ohne Gemeinschaft erleben?« Kommt dann noch immer keine Antwort, sage ich: »Angenommen, du müsstest (!) auf Gemeinschaft oder Sicherheit verzichten, was bleibt übrig?«

Addieren wir dann die Treffer auf, müssen es aufaddiert 45 Entscheidungen sein, die Michael getroffen hat.

Ergebnis des Wert-gegen-Wert-Abgleichs

Grafisch abgebildet sieht Michaels aktuelle Wertehierarchie in dieser einfachen Abfrage so aus:

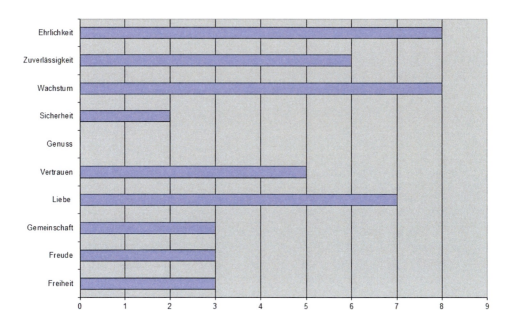

Am wichtigsten sind ihm Ehrlichkeit und Wachstum vor Liebe und Zuverlässigkeit. Es folgt Vertrauen, dann auf gleicher Höhe Gemeinschaft, Freude und Freiheit. All diese Werte sind ihm wichtiger als Genuss, der im Abgleich Wert gegen Wert keinen Treffer erhalten hat.

Das bedeutet ausdrücklich nicht, dass Genuss nicht zu Michaels Top 10 gehört! Es ist ein Wert, der aktuell nicht vorrangig ist.

Vertrauen kommt vor Gemeinschaft, Freude und Freiheit. Sicherheit ist ihm aktuell nicht so wichtig.

Die Auswertung

Michaels Grundtabelle mit den skalierten Werten und aufaddierten Spalten und Zeilen sieht so aus:

Rollen- und Werteabgleich: 10 Rollen und 10 Werte

Name: Michael geboren: -

Datum der Analyse: -

Rollen	Werte										Summe	Handlungs- priorität Rollen
	Freiheit	Freude	Gemeinschaft	Liebe	Vertrauen	Genuss	Sicherheit	Wachstum	Zuverlässigkeit	Ehrlichkeit		
Geschäftsführer	8	8	6	9	10	9	10	10	10	10	90	
Trainer	9	8	5	8	10	7	5	10	10	9	81	
Organisator	10	9	7	10	9	8	9	8	10	10	90	
Vater	4	8	9	10	10	6	10	9	10	9	85	
Ehepartner	5	9	10	10	10	9	10	9	10	10	92	
Bruder	10	6	8	8	8	5	8	8	9	8	78	3
Spielgefährte des Sohns	6	6	8	8	10	7	7	6	8	10	76	2
Freund	10	9	8	9	10	8	10	9	9	10	92	
Sohn	5	7	5	8	9	9	8	7	8	8	74	1
Ich	7	8	7	8	9	6	9	8	8	9	79	
Summe	74	78	73	88	95	74	86	84	92	93	837	
Handlungspriorität Werte	2		1									

Wie intensiv lebst du Wert (X) in der Rolle (Y)?

Baustellen

beobachtbar

Ressourcen

Alle skalierten Werte unter bis einschließlich »7« habe ich rot markiert, alle »10«-er grün und die »8«-er und »9«-er gelb. Michael skaliert tendenziell in den oberen Bereichen, aber ein Drittel seiner Werte ist trotzdem relative Baustelle (rot), ein Drittel relative Ressource (grün) und ein Drittel relativ gesehen beobachtbarer Bereich (gelb).

Ich markiere den Ampel-Farben entsprechend auch die etwa drei höchsten Rollen- und Werte-Summen grün, die etwa drei untersten Rollen- und Werte-Summen rot und die Werte dazwischen gelb.

Ressourcen-Rollen sind danach »Geschäftsführer«, »Organisator«, »Ehepartner« und »Freund«. Beobachtbar sind »Trainer«, »Vater« und »Ich«. Baustellen sind »Sohn«, »Spielgefährte des eigenen Sohns« und »Bruder«.

Ressourcen-Werte sind Vertrauen, Ehrlichkeit und Zuverlässigkeit. Beobachtbare Werte sind Freude, Sicherheit, Liebe und Wachstum. Baustellen sind auf den ersten Blick Gemeinschaft, Freiheit und Genuss.

Die Tabelle ist schon jetzt eine Metapher für den Klienten und den Coach. Offensichtlich sind »Sohn«, »Spielgefährte des Sohns« und »Bruder«, also drei private Rollen, in dieser Reihenfolge die drängendsten Baustellen.

Feintuning für die Reihenfolge der Werte Michaels

Wenn wir den Abgleich Wert-gegen-Wert berücksichtigen, dann verschieben sich die Baustellen bei den Werten ein wenig.

Ehrlichkeit und Wachstum sind für Michael die wichtigsten Werte. Ehrlichkeit ist als Ressource skaliert, Wachstum ist »beobachtbarer Bereich«, ebenso wie Liebe und gehört für Michael zu den drei wichtigsten Werten. Allerdings gibt es hier keinen akuten Handlungsbedarf, sondern ausschließlich grüne und gelbe Bewertungen bei den jeweiligen Rollen. Was seine wichtigsten Werte betrifft, geht es Michael also relativ gut, aber der Frieden hier könnte auch trügen.

Dann kommen Zuverlässigkeit und Vertrauen. Sie sind in den jeweiligen Summen relativ hoch bewertet und damit keine Baustellen. Genuss dagegen war auf den ersten Blick eine Baustelle, nach dem Wert-gegen-

Wert-Abgleich jedoch auf dem letzten Platz und kann zurzeit vernachlässigt werden.

Anders sieht es mit Gemeinschaft und Freiheit aus. Sie sind Baustellen, also in der Summe niedrig bewertet und mittelwichtige Werte. Da Michael ins Coaching kam, weil er sich weiterentwickeln möchte, empfehle ich ihm, hier anzusetzen. Er wird sich die nächsten Wochen darum kümmern, mehr Gemeinschaft zu erleben. Das betrifft seine Rollen »Geschäftsführer«, »Organisator«, »Sohn« und »Ich«. Michael hat auch gleich Ideen dazu:

»Ich werde mich zum 80sten Geburtstag meines Vaters wirklich auf ihn einlassen. Ich werde meine Sorgen als Geschäftsführer und Organisator mit meiner Frau teilen, die sicher mit Lösungsvorschlägen reagieren wird. Und was mein Ich betrifft, schließe ich damit ab, dass ich mich meinem Sohn mit meinen Erwachsenenthemen nicht zumuten darf. Er stellt Fragen und ist neugierig auf seinen Vater.«

Bei seinen Handlungsplänen für den Wert Freiheit ist Michael ein bisschen zögerlicher. Vor allem seine Rollen »Vater«, »Sohn« und »Ehepartner« sind bei diesem Wert schwach skaliert. Im Gespräch finden wir heraus, dass Michael ein »Kümmerer« ist. Er trägt gerne die Verantwortung für seine Angehörigen und verhindert damit, dass sich sein Sohn, der alte Vater und seine Frau auch auf ihre eigene Weise weiterentwickeln. Ich schlage ihm vor zu überlegen, ob ihn diese Proaktivität seiner Angehörigen nicht entlasten und gleichzeitig seinen Freiheitsgrad erhöhen könnte. Seine Antwort: »Damit würde ich auf einen Schlag in jedem dieser Bereiche drei Zähler zunehmen.«

Mit Hilfe der Wert-gegen-Wert-Auswertung können wir dem Klienten also helfen, seine Baustellen auf der Ebene der Werte weiter einzugrenzen.

Zusammenfassung und Ausblick

Diese Analyse ist nicht in Stein gemeißelt! Die Tabelle bleibt auch jetzt eine Metapher zur Orientierung im Coaching. Wir können damit ein Gespräch darüber führen, welche Handlungen dazu betragen, belastete Werte und Rollen weiterzuentwickeln.

Wir können zum Beispiel im Sinn der Metaprogramme fragen: »Bist du eher auf Dinge, Informationen oder Menschen hin orientiert, wenn es um deinen Wert Freiheit im Allgemeinen geht?« »Und wie sieht es mit diesem Metaprogramm spezifischer bei dem Wert Freiheit in deiner Rolle als Sohn aus?«

Hieraus ergeben sich konkrete Ziele und Handlungspläne. Michael entscheidet sich, in seinen privaten Beziehungen stärker auf das Loslassen zu achten. Als Sohn seines alten Vaters wird er sich auf seine pflegerischen Notwendigkeiten konzentrieren und den Vater in seiner noch bestehenden Selbstständigkeit weiter ermutigen, damit er im Rahmen seiner Möglichkeiten »im Training« bleibt.

Leertabellen für das »Du-Coaching«

☺ Was magst du gerne?	☹ Worüber ärgerst du dich?	Werte

Rollen- und Werteabgleich: 10 Rollen und 10 Werte

Name: geboren:

                                         Datum der Analyse:

	Werte										Summe	Handlungs-priorität Rollen
Rollen												
Summe												
Handlungspriorität Werte												

Wie intensiv lebst du Wert (X) in der Rolle (Y)?

Baustellen	beobachtbar
Ressourcen	

Wertemanager: Hilfstabelle für den Wert-gegen-Wert-Abgleich

A	A	A	A	A	A	A	A	A
B	C	D	E	F	G	H	I	J

B	B	B	B	B	B	B	B
C	D	E	F	G	H	I	J

C	C	C	C	C	C	C
D	E	F	G	H	I	J

D	D	D	D	D	D
E	F	G	H	I	J

E	E	E	E	E
F	G	H	I	J

F	F	F	F
G	H	I	J

G	G	G
H	I	J

H	H
I	J

I
J

	Werte	Zähler
A		
B		
C		
D		
E		
F		
G		
H		
I		
J		
	Summe = 45	

1. Tragen Sie die Werte ein.
2. Kreuzen Sie den Wert an, der Ihnen im direkten Vergleich, z.B. Wert A im Vergleich zu Wert B wichtiger ist.
3. Zählen Sie die Treffer aus und tragen Sie die Summe unter »Zähler« ein.

	Die aktuelle Reihenfolge Ihrer Werte	Zähler
1.		
2.		
3.		
4.		
5.		
6.		
7.		
8.		
9.		
10.		

Die Reihenfolge der Werte untertützt Sie bei der Feinauswertung Ihres Werte-Rollen-Abgleichs. Bitte achten Sie darauf, diese Hierarchie erst nach der Beurteilung Ihrer Werte in Ihren Rollen zu erarbeiten.

Der Werte-Manager im Selbstcoaching

Wenn Sie das Kapitel »Du-Coaching« verstanden haben, dann sind Sie bestens vorbereitet für ein Selbstcoaching. Es ist sozusagen das »Du-Coaching« mit sich selbst. Sie verwenden die gleichen Vorlagen, werden allerdings nicht »befragt«. Wenn Sie bei der Skalierung schummeln, dann merkt es keiner. Sie wären gleichzeitig Täter – und das einzige Opfer. Aber warum sollten Sie Ihre eigene Standortbestimmung verfälschen? Sie wollen Klarheit über Ihre eigene Life-Work-Balance, Sie wollen wissen, welche Projekte Ihrem Wertesystem am ehesten entsprechen und welche Konsequenzen die einzelnen Entscheidungen für Projekte in welchen Bereichen Ihres bestehenden Systems haben. Achten Sie also zum Beispiel bei den Skalierungen darauf, die ersten Reaktionen festhalten: »Auf einer Skala von 1 bis 10, wenn 1 flopp und 10 top ist, wie lebst du Wert X in der Rolle Y« und so weiter.

Hier die Schritt-für-Schritt-Anleitung für das Selbstcoaching mit dem Werte-Manager. Sie können sich dazu gerne auch an dem »Du-Coaching«-Beispiel im vorhergehenden Kapitel orientieren.

☺ Was magst du gerne?	☹ Worüber ärgerst du dich?	Werte

Schritt Nr. 1: Diskutieren Sie Werte auch mit sich selbst nicht! Genauso wenig, wie die ultimative Wertedefinition müssen Sie wissen, wie Strom funktioniert, um den CD-Player einzuschalten. Sie müssen auch nichts über die Hefegärung wissen, um das tägliche Brot zu genießen. Kümmern Sie sich stattdessen um die Erfüllungskriterien für das, was Sie täglich möglichst oft empfinden möchten – oder am meisten ablehnen.

Legen Sie dazu eine Tabelle wie in den Leertabellen zu diesem Kapitel oder nach diesem Muster an. Tragen Sie links ein, was Sie mögen, und in die zweite Spalte, was Sie ärgert. Seien Sie dabei möglichst konkret.

Schritt Nr. 2: Diese Erfüllungskriterien sind wichtig, weil sie einen oder mehrere Werte befriedigen, die Sie möglichst oft erleben möchten (Hin-zu-Werte) oder weil sie genau gegen einen oder mehrere dieser Werte verstoßen.

Der Werte-Manager arbeitet auch im Selbstcoaching mit Hin-zu-Werten, weil wir uns dadurch stärker mit dem beschäftigen, was wir uns wünschen. Das entspricht den psychologisch sinnvollen Zielbestimmungen von »Ich genieße es, allzeit gesunde Luft zu atmen!« statt: »Ich rauche nicht mehr!« Letzteres würde uns ständig an die Zigarette denken lassen, die wir ja nicht mehr rauchen wollen.

Fragen Sie sich in diesem Schritt also, wofür Erfüllungskriterium 1 in der linken Spalte »gut« ist. Und gehen Sie die linke Spalte mit allen Kriterien durch! Übrigens können »Kochen mit Freunden« und »Tanzen« beide mit Entspannung zu tun haben. Dann hätten Sie gleich mehrere Erfüllungskriterien für einen Wert, der Ihnen besonders wichtig ist. Ist Tanzen gerade einmal nicht möglich, dann laden Sie eben Freunde zum Kochen ein.

Ist die linke Spalte durchgearbeitet, machen Sie mit der rechten weiter: Gegen welche Werte, die Ihnen wichtig sind, verstößt das erste Erfüllungskriterium? »Ungerechte Vorgesetzte« könnte beispielsweise bereits die Werte Frieden und Entspannung verletzen.

Je mehr Hin-zu-Werte durch ein Erfüllungskriterium gleichzeitig verletzt werden, umso schmerzhafter ist das.

Schritt Nr. 3: Fassen Sie die herausgefundenen – positiven – Werte zu einer übersichtlichen Zahl zusammen. Zehn Werte sind gut – nicht zu viel, so dass Sie die Übersicht behalten, und nicht zu wenig, sonst wird es langweilig. In der Zusammenfassung könnte »Freundschaft« bereits ein Unterwert oder ein relativ konkretes Erfüllungskriterium von »Liebe« sein.

Gehen Sie dann durch Ihre Liste und fassen Sie die Begriffe wieder zusammen. Am Ende sollen Ihre zehn wichtigsten positiven Werte übrig bleiben.

Wertemanagement bedeutet, eine Übersicht zu schaffen. Dafür reichen Ihre zehn wichtigsten Werte.

Schritt Nr. 4: Ihre Werte können Sie schon jetzt nach dem folgenden Muster in eine Tabelle eintragen: Die oberste Zeile enthält Ihre zehn wichtigsten Werte. In die erste Spalte tragen Sie Ihre wichtigsten Rollen ein. Tipp: Suchen Sie sich drei berufliche (z.B. »Vorgesetzter«, »Kollege«, »Verkäufer«), drei private Rollen (z.B. »Vater«, »Nachbar«, »Abteilungsleiter im Sportverein«), drei persönliche Rollen, die nur Sie selbst betreffen (»der neugierige Leser«, »der Reiselustige«, »die Klagemauer«) und eine Joker-Rolle in einer dieser drei Kategorien aus.

Dann skalieren Sie die Tabelle nach dem folgenden Muster: »Wie intensiv lebe ich Wert X in Rolle Y zurzeit – und zwar auf einer Skala von 1 (Flopp) bis 10 (Top). Bevor Sie einen Wert in einer Rolle skalieren, fragen Sie sich, woran Sie zum Beispiel in Ihrer Rolle »Praxismanagerin« gegenüber den Arzthelferinnen erkennen, dass Sie den Wert »Liebe« leben. Und reicht Ihnen das so? Ist

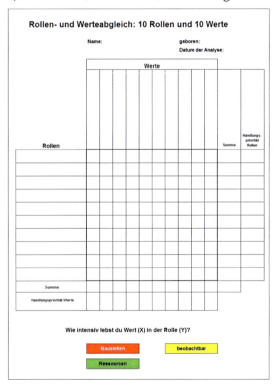

Ihr Mann gleichzeitig der Praxisinhaber, dann können Sie ziemlich sicher sein, dass Sie den Wert Liebe als seine Mitarbeiterin mit anderen Kriterien füllen als in Ihrer Rolle »Ehefrau«.

Schritt Nr. 5: Auswertung. Addieren Sie die Zahlen in den Werte-Spalten und die in den Rollen-Zeilen. Malen Sie dann die drei höchsten Summen bei den Rollen und Werten grün und die drei niedrigsten rot aus. Rot

Rollen- und Werteabgleich: 10 Rollen und 10 Werte

Name: **Beispiel Krankenpflegerin** geboren: -
Datum der Analyse: -

Rollen	Sinn	Geborgenheit	Genuss	Inspiration	Freude	Erdung	Glauben	Selbstbewusstsein	Reinheit	Fortschritt	Summe	Handlungspriorität Rollen
Tiermama	9	7	6	8	9	10	10	8	6	3	76	
Organisator	10	3	2	3	6	8	4	9	3	4	52	3
Freundin	8	8	9	10	4	5	8	8	8	6	74	
Patentante	10	8	8	9	9	9	8	10	8	6	85	
Ehefrau	6	8	4	6	7	10	8	9	6	5	69	
verantwortlich Geldentsorgen	4	6	7	8	3	4	8	3	7	6	56	
verantwortlich Krankenhaus	4	5	2	6	8	9	10	3	6	4	57	
Prüfungsleiter	6	3	7	8	2	6	7	7	5	4	55	4
Schwiegertochter/Tocher	6	8	3	4	2	2	3	4	5	6	43	1
Fahrdienst	6	7	4	8	1	4	5	6	7	3	51	2
Summe	69	63	52	70	51	67	71	67	61	47	618	
Handlungspriorität Werte		3		2						1		

Wie intensiv lebst du Wert (X) in der Rolle (Y)?

Baustellen	beobachtbar
Ressourcen	

54

heißt »Achtung Baustelle!« Grün steht für »Ressource!« oder auch »Freie Fahrt!« Der Rest erhält die Farbe Gelb, das heißt: »Sollte beobachtet werden!« Malen Sie dann auch entsprechend die drei höchsten und die drei niedrigsten Zellwerte in der Tabelle grün und rot sowie den Rest in gelb.

Diese Tabelle ist der Werte-Rollen-Abgleich für eine 30-jährige Krankenpflegerin. Während ihr Leben insgesamt sinnerfüllt, inspirierend und ihren Glauben unterstützend ist, bleiben ihr persönlicher Fortschritt, die Freude und der Genuss auf der Strecke. Ihre beruflichen Rollen und die der Familienversorgerin sind eher belastet. Sie kompensiert das vor allem als Tierpflegerin und Patentante.

Schritt Nr. 6: Wertemanagement beginnt mit der Standortbestimmung und führt zu Zielen. Fragen Sie sich jetzt also, was konkret Sie tun können, um vor allem die »Baustellen« auszuräumen!

Auswertung Ihres eigenen Werte- und Rollen-Abgleiches
Sie haben nun erfahren, wie erfüllt Sie Ihre wichtigsten Werte in unterschiedlichen Rollen leben. Es kann sein, dass Sie dabei zwar ein Gefühl entwickelt haben, das Ihnen sagt: Diese Zahl ist richtig!, aber Sie wissen nicht, warum genau.

Markieren Sie in Ihrer Tabelle mit einem grünen Stift die drei Spitzenwerte in der Summenzeile und Spalte. Kennzeichnen Sie auf die gleiche Weise mit einem roten Marker die drei niedrigsten aufsummierten Zeilenwerte. Gehen Sie analog mit den Zellen der Tabelle vor, indem Sie alle relativ hohen Zahlen, zum Beispiel von »7« bis »10« grün und alle relativ niedrigen Zahlen, zum Beispiel von »1« bis »3« rot markieren. Die Mittelwerte in der Summenspalte und Zeile, sowie die Zahlen »4«, »5« und »6« in den Zellen können Sie gelb markieren. Hinterher sollte jeweils etwa ein Drittel der Zellen rot, gelb und grün sein.

Grün bedeutet: Das sind Ihre Ressourcen-Werte und -Rollen. Wenn es Ihnen einmal nicht gut gehen sollte, können Sie sich auf diese Rollen und Werte besinnen, Sie erkennen dabei auf wohltuende Weise, dass es schöne Dinge in Ihrem Leben gibt, die Sie ganz einfach genießen dürfen!

Die gelben Werte sind noch keine Alarmsignale, sie sollten aber beobachtet werden, damit sie sich nicht in die falsche Richtung entwickeln.

Ihr Hauptaugenmerk sollte jedoch auf den roten Werten liegen. Prüfen Sie zunächst, ob es Rollen gibt, von denen Sie sich guten Gewissens verabschieden sollten. Möglicherweise merken Sie, dass Sie erhebliche Energie in Ihre Rolle als Stimmungskanone in Ihrer Firma stecken und dass das weder Ihren Werten entspricht noch irgendwem in irgendeiner Weise nützlich ist. Dann können Sie sich getrost von dieser Rolle verabschieden.

Eine Klientin hat auf diese Weise erkannt, dass sie sich zehn Jahre nach ihrer Scheidung noch immer um ihren wieder verheirateten Ex-Mann kümmert. Ihre Rolle »Ex-Ehefrau« blockierte sie seither in jeder Hinsicht. Sie verreiste nicht, bildete sich nicht weiter, stagnierte in ihrer beruflichen Entwicklung und weigerte sich, eine neue Beziehung einzugehen. Sie war erst fassungslos – und dann befreit, als sie einen schwarzen Edding nahm und die Zeile »Ex-Ehefrau« durchstrich. Hier war auf einmal Platz für eine neue, erfreulichere Rolle.

Nach der Markierung der Zeilen-, Spalten- und Zellwerte machen Sie einen Plan, wie Sie in den kommenden Wochen die roten Werte und Rollen durch ganz bewusste Maßnahmen verbessern können. Beispielsweise können Sie eine Woche ganz bewusst tolerant sein – gegenüber Kindern, Verwandten, Bekannten oder Fremden –, falls dieser Wert zu niedrig besetzt sein sollte.

Oder aber Ihre Rolle »Partner« oder »Partnerin« ist Ihnen zu niedrig bewertet. Stellen Sie in dem Falle einen Maßnahmenplan zusammen, wie Sie eine Woche lang jeden der Werte ganz bewusst leben. Sollte der Wert Zuneigung in Ihrer Beziehung geschwächt sein, können Sie sich beispielsweise vornehmen, Ihrer Partnerin ganz bewusst zuzuhören, ihr nicht zu widersprechen oder ähnliches.

Wichtig bei diesen Maßnahmen an den jeweiligen Baustellen ist nicht, dass Sie sofort Spitzenwerte erreichen. Es reicht vollkommen, dass Sie beispielsweise mit Leichtigkeit einen Wert »3« auf »3,5« erhöhen. Ihre Maßnahmen sollen Ihnen schließlich Spaß machen, und sie sollen zu schaffen sein.

Sollte der Maßnahmenplan zeilen- oder spaltenweise zu schwer sein, lassen Sie sich von den roten Zellenwerten anregen: Wie können Sie den Wert X in der Rolle Y mit Leichtigkeit erhöhen?

Fällt Ihnen einmal überhaupt nichts ein, dann können Sie sich fragen, ob etwas, das Sie bei den grünen Zellen, Spalten und Zeilen mit Leichtigkeit erreichen, auf andere Bereiche übertragbar ist. Sollte der Wert Erfolg in der Beziehung zu Ihrem Vater hoch besetzt sein, könnten Sie davon auch für Ihre Rolle »Geschäftspartner« oder gegenüber Vorgesetzten lernen.

Entwickeln Sie Maßnahmenpläne für Ihre wichtigsten Werte, Rollen und Werte in Rollen! Legen Sie auch einen Zeitraum fest, über den Sie sich bewusst immer wieder um diese Maßnahmen kümmern werden und prüfen Sie am Ende dieses Zeitraums, was Sie erreicht haben.

Sie werden staunen, dass Sie sich nicht immer um alles gleichzeitig kümmern müssen. Es kann sein, dass sich nach einer Weile nur ein Zellenwert verändert hat, er aber in andere Bereiche hineinstrahlt. Ihre Tabelle wird sich verhalten wie ein gespanntes Netz: Ziehen Sie an einem einzigen Knoten, verändert sich die Spannung im gesamten System!

Selbstverständlich können Sie für Ihr Selbstcoaching auch den Wert-gegen-Wert-Abgleich durchführen, wie er im Kapitel »Du-Coaching« beschrieben ist. Das verfeinert die Analyse der Baustellen. Ich empfehle Ihnen jedoch, diese Verfeinerung erst einmal wegzulassen und zunächst Erfahrungen mit der Grundtabelle, also dem einfachen Werte-Rollen-Abgleich zu machen.

Leertabellen für das Selbstcoaching

☺ Was magst du gerne?	☹ Worüber ärgerst du dich?	Werte

Rollen- und Werteabgleich: 10 Rollen und 10 Werte

Name: geboren:

Datum der Analyse:

	Werte										Summe	Handlungs- priorität Rollen
Rollen												
Summe												
Handlungspriorität Werte												

Wie intensiv lebst du Wert (X) in der Rolle (Y)?

Baustellen   **beobachtbar**

Ressourcen

Wertemanager: Hilfstabelle für den Wert-gegen-Wert-Abgleich

A	A	A	A	A	A	A	A	A
B	C	D	E	F	G	H	I	J

B	B	B	B	B	B	B	B
C	D	E	F	G	H	I	J

C	C	C	C	C	C	C
D	E	F	G	H	I	J

D	D	D	D	D	D
E	F	G	H	I	J

E	E	E	E	E
F	G	H	I	J

F	F	F	F
G	H	I	J

G	G	G
H	I	J

H	H
I	J

I
J

	Werte	Zähler
A		
B		
C		
D		
E		
F		
G		
H		
I		
J		
Summe = 45		

1. Tragen Sie die Werte ein.
2. Kreuzen Sie den Wert an, der Ihnen im direkten Vergleich, z.B. Wert A im Vergleich zu Wert B wichtiger ist.
3. Zählen Sie die Treffer aus und tragen Sie die Summe unter »Zähler« ein.

	Die aktuelle Reihenfolge Ihrer Werte	Zähler
1.		
2.		
3.		
4.		
5.		
6.		
7.		
8.		
9.		
10.		

Die Reihenfolge der Werte untertützt Sie bei der Feinauswertung Ihres Werte-Rollen-Abgleichs. Bitte achten Sie darauf, diese Hierarchie erst nach der Beurteilung Ihrer Werte in Ihren Rollen zu erarbeiten.

Teamcoaching mit dem Werte-Manager

Ein Teamcoaching beginnt bereits bei zwei Personen, einem Ehepaar, einer Familie, es kann eine Abteilung in einem Unternehmen sein, alle Mitarbeiter einer Firma oder ein Konzern. Gehen wir im Folgenden davon aus, dass wir eine Abteilung mit ca. zehn Personen coachen. Sollten es mehr sein, sind Sie nur durch die Zeilen Ihrer Tabellenkalkulation begrenzt, die Sie entsprechend der Größe der Gruppe anpassen.

Das Team in unserem Beispiel arbeitet erst einigen Monaten zusammen, es hat noch keine gemeinsam verfasste Identität. Die zehn Personen kennen ihren gemeinsamen Nenner nicht, müssen aber für ein gemeinsames Ziel miteinander funktionieren. Die Gruppe ist davon überzeugt, dass gemeinsame Werte die Zusammenarbeit fördern werden, und die Unternehmensleitung lässt sich darauf ein.

Einführung ins Wertemanagement für Teams

Wie beim »Du-Coaching« muss jeder in der Gruppe die Bestandteile des Werte-Managers kennen. Um einer akademischen Diskussion über den Begriff Wert vorzubeugen, bitte ich die Teilnehmer gleich nach der Vorstellungsrunde und der Abfrage der Erwartungen an den Kurs, sich in zwei Dreier- und eine Vierergruppe zusammenzutun und ihre jeweilige »Wikipedia-Definition« für den Begriff Wert zu erarbeiten.

Sie diskutieren eifrig und wirken schon bald sehr zuversichtlich, das Ei des Kolumbus unter den Wertedefinitionen gefunden zu haben. Nach zehn Minuten tragen sie ihre Ergebnisse vor. Sie stellen fest, dass auch die anderen Gruppen trotz ganz anderer Definitionen recht haben. Irgendwie scheint es kein »richtig« oder »falsch« zu geben.

An dieser Stelle öffne ich die Definition des Anthropologen Clyde Kluckhohn, die auch den Theologen und Soziologen Rüdiger Lautmann am meisten überzeugte.

Clyde Kluckhohn

„Ein Wert ist eine Auffassung, die explizit oder implizit sowie für ein Individuum oder für eine Gruppe kennzeichnend ist und welche die Auswahl der zugänglichen Weisen, Mittel und Ziele des Handelns beeinflusst."

„Values and Value Orientation in the Theory of Action" (1951)

Allerdings hat Lautmann über 200 Wertedefinitionen miteinander verglichen und hinterher gesagt, der Begriff Wert sei so »notorisch vage«, dass man am besten auf ihn verzichten sollte. Und genau das werden wir im weiteren Verlauf tun.

Ich biete lediglich eine Orientierung ohne den Anspruch einer Definition an: Ein Wert ist ein abstrakter Begriff und mit einem eindeutigen Gefühl verbunden. Hier füge ich einen kleinen Test an und frage einen Teilnehmer zum Beispiel: »Wenn du Erfolg hast, wo spürst du das?« Er legt die Hand auf den Bauch. Der Nachbar legt die Hand bei dem Wert auf eine Schulter, eine Frau antwortet: »Im Herzen!«

Es gibt anscheinend viele Möglichkeiten, sich erfolgreich zu fühlen, gemeinsam haben die Teilnehmenden, dass Erfolg ein Gefühl ist, das irgendwo im Körper repräsentiert ist.

Kraftfeldanalyse

Anders als beim Selbst- und »Du-Coaching« frage ich im zweiten Schritt nicht, was jemandem gefällt oder worüber er sich ärgert. Ich schlage hier die Kraftfeldanalyse vor, die im Prinzip auf das Gleiche hinausläuft.

Das Team wird dazu in Arbeitsgruppen zu fünft aufgeteilt, die zunächst einmal brainstormen, was in der Zusammenarbeit bereits funktioniert und was sie sich wünschen. Sie entscheiden sich für einen Moderator, der dafür sorgt, dass ausdrücklich nur über konkrete, positive Erfahrungen berichtet wird, die jedes Arbeitsgruppenmitglied den anderen mitteilt und auf Moderationskarten schreibt. Es soll zudem ein Gespräch sein, in dem sie den anderen eigene Eindrücke mitteilen. Wie in einem Brainstorming gibt es keine Bewertungen und Diskussionen.

In der zweiten Runde erfassen die Gruppen auf die gleiche Weise das, was ihrer Meinung nach »entwicklungsfähig« ist. Das ist ein wichtiger

Begriff aus der Feedback-Kultur, wie ich sie unterrichte. Es geht also nicht darum, was »schlecht« und »falsch« ist oder »nicht funktioniert«, sondern was bereits vorhanden ist und weiter entwickelt werden darf.

Nur mit solch einer Vorgabe verhindern wir an dieser Stelle die verlockenden Schlammschlachten. Häufig bemängelt jedoch ein Teammitglied, was das andere »noch okay« und das dritte sogar »sehr gut« findet. Plus und Minus heben sich gewissermaßen auf, und am Ende geht es nur darum, wer recht hat, weil er sich lautstark durchsetzt. – Auch hier sorgt der Moderator dafür, dass seine Gruppe weiter im Brainstorming-Modus bleibt.

Zwischenergebnisse im Plenum

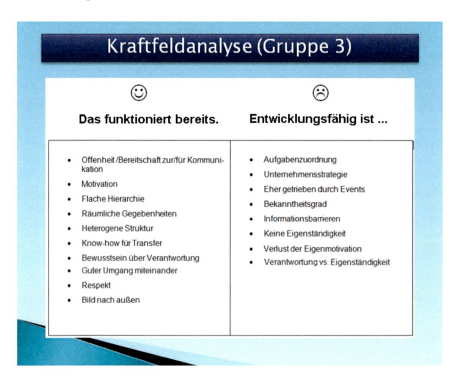

Nach der Sammlung der konkreten Elemente der Kraftfeldanalyse rufe ich die Gruppen zurück ins Plenum. Die Moderatoren tragen Beispiele aus der bisherigen Sammlung vor. Verständnisfragen sind erlaubt, Diskussionen werden unterbunden: Es gilt, einander zuzuhören. Und schon das ist in vielen Teams ein Lernerfolg.

Erfassen der Werte in der Kleingruppe; erster »Werteacker«

Im nächsten Schritt werden von der Kleingruppe wie im »Du-Coaching« die positiven Werte anhand der starken, also der funktionierenden Kriterien erarbeitet. Jedes Gruppenmitglied schreibt auf Moderationskarten einzelne Begriffe für Bedürfnisse und Emotionen, die für ihn persönlich von den positiven Kriterien befriedigt oder geweckt werden. Dass die Telefonanlage immer perfekt gewartet ist, ist für den einen ein Erfüllungskriterium für den Wert »Zuverlässigkeit«, der nächste verbindet damit »Vertrauen« und zusätzlich »Erleichterung« bei der täglichen Arbeit und so weiter.

Nachdem alle positiven Werte erfasst sind, werden die Moderationskarten auf dem Boden ausgelegt und gleiche Begriffe gestapelt. Wie ein Landwirt nach getaner Arbeit begehen die Kleingruppen diesen Werteacker jetzt mit den »entwicklungsfähigen« Aspekten: »Gegen welche positiven Werte verstößt Kriterium X? Um welche Begriffe muss die Liste der positiven Werte gegebenenfalls erweitert werden?«

Am Ende dieser Phase hat jede Kleingruppe einen Satz von gewünschten Werten auf Moderationskarten.

Zusammenfassung der Werte aus den Kleingruppen; zweiter »Werteacker«

Die Gruppen kommen mit ihren Ergebnissen zurück ins Plenum. Hier gibt es jetzt den zweiten »Werteacker«. Zunächst einmal werden alle gefundenen Begriffe nebeneinander ausgelegt und identische Begriffe gestapelt. Hier zeigt sich bereits eine Tendenz dessen, was allen Mitglie-

dern der Abteilung als Werte besonders wichtig ist. In der Regel werden
es zu diesem Zeitpunkt mehr als zehn Werte sein, was für ein Team wieder unübersichtlich wäre.

Die Werte und zugeordneten (Unter-) Werte unseres Teams:

Die Begriffe werden gemeinsam zusammengefasst. Ich empfehle, dabei alle Teammitglieder einzubinden. So kann abwechselnd jeder einen freistehenden Begriff oder eine ganze Reihe von Begriffen nehmen und sie einem anderen Wert als Über- oder Unterkategorie zuordnen.

Nach jedem Vorschlag wird über das Ergebnis abgestimmt. Alle Teammitglieder sollten am Ende mit den zehn Werten einverstanden sein, die als Oberbegriffe im weiteren Verfahren genutzt werden.

Es hat etwas mit Wertschätzung der individuellen Beteiligung und Persönlichkeit zu tun, dass keiner der Begriffe verloren geht, alle sind hinterher mindestens als Unterkategorie eines anderen Wertes einsortiert. Der Wert Freundschaft könnte somit – wie im Selbst- oder Einzelcoaching – selbst ein Erfüllungskriterium für Liebe oder Kollegialität sein.

Alternatives Vorgehen beim zweiten »Werteacker«

Wenn ein Werte-Coaching für ein Team über zwei Tage und mehr geht, ist es auch möglich, einen Teilnehmenden für ein »Du-Coaching« wie oben beschrieben für eine Demonstration nach vorne zu holen und anschließend alle Teilnehmer in Zweiergruppen ihre individuellen Werte herausarbeiten zu lassen. Wir wollen schließlich unsere persönlichen Werte in all unseren Rollen leben, und das schließt den beruflichen Kontext ein.

Hinterher bringt jeder Teilnehmende seine persönlichen zehn Werte auf Moderationskarten mit in die Teamarbeit und den zweiten »Werteacker« ein.

Natürlich finden wir auch bei der Kraftfeldanalyse für den beruflichen Kontext Kriterien aufgrund unserer persönlichen Werte »gut« oder »entwicklungsfähig«. Mit den individuell erarbeiten Werten ist jedoch ausdrücklich jedes Teammitglied mit seiner ganz eigenen Persönlichkeit dabei.

Skalierung im Rollen-Werte-Abgleich

Der nächste Schritt ist die Skalierung in der Tabelle. Auch im Teamcoaching mit dem Werte-Manager stehen die Werte in der ersten Zeile. In die linke Spalte tragen wir statt der persönlichen Rollen die Namen der Teammitglieder ein, sofern sie einer offenen Skalierung zugestimmt haben.

Dann notiert jeder, wie er die einzelnen Werte des Teams aktuell verwirklicht findet. 1 wäre wieder flopp und 10 wieder top. Jede Zelle darf eine Zahl zwischen 1 und 10 enthalten. Bei Gruppen bis zehn Personen ist es noch unproblematisch, dass jeder Teilnehmende seine Bewertungen direkt in die Tabelle am Flipchart einträgt. Dort kann die weitere Auswertung dann auch händisch vorgenommen werden. Für eine schnelle Auswertung in einer größeren Gruppe empfehle ich eine rechnergestützte Auswertung in einem Tabellenprogramm wie Excel. In dem Fall erhalten die Teilnehmenden zu ihren Seminarunterlagen einen Bewertungsbogen nach diesem Muster:

Die Bewertungen werden dann eingesammelt und für die jeweilige Rolle, also das jeweilige Teammitglied erfasst.

Aktuelle Prioritäten des Teams im Wert-gegen-Wert-Abgleich

Wie im »Du-Coaching« könnte unsere Tabelle rein rechnerisch ermittelte Ressourcen, Baustellen und beobachtbare Bereiche enthalten. Es kann aber auch im Team sein, dass eine rechnerische Baustelle unter den Werten nur eine Pseudo-Baustelle ist, weil für das Team aktuell gerade andere Werte wichtiger sind. Auch hier bewirkt ein Wert-gegen-Wert-Abgleich eine präzisere Deutung der Ergebnisse.

Wert–gegen–Wert–Abgleich

MENSCHLICH-KEIT	MENSCHLICH-KEIT	MENSCHLICH-KEIT	MENSCHLICH-KEIT
FREUDE	~~FREIHEIT~~	~~INSPIRATION~~	OFFENHEIT
	~~FREUDE~~	FREUDE	FREUDE
	FREIHEIT	~~INSPIRATION~~	~~OFFENHEIT~~
		~~FREIHEIT~~	FREIHEIT
		INSPIRATION	~~OFFENHEIT~~
			INSPIRATION
			~~OFFENHEIT~~

Was ist Ihnen bei Ihrer Arbeit wichtiger?

**Streichen Sie, worauf Sie im direkten Vergleich
jeweils am ehesten verzichten würden.**

Die Teilnehmenden bekommen dafür einen Bogen, auf dem die Team-Werte immer paarig dargestellt sind. Ihre Aufgabe lautet: »Streiche denjenigen Wert von zweien durch, auf dem du im direkten Vergleich verzichten würdest, wenn es für deine Arbeit im Team darauf ankäme.«

Die Auswertung dieses Bogens für die gesamte Gruppe ist ein bisschen aufwändiger, weil bei zehn Personen 450 Bewertungen aufaddiert werden müssen. Wenn das Teamcoaching morgens begonnen hat, sollte das Ergebnis spätestens nach der Mittagspause vorliegen. Dann können wir gleich mit der Analyse und Deutung weitermachen.

Rollen- und Werteabgleich: 10 Rollen und 10 Werte

Name: Team Muster   geboren: -

Datum der Analyse: -

Rollen	Werte										Summe	Handlungspriorität Rollen
	Menschlichkeit	Freude	Freiheit	Inspiration	Offenheit	Wertschätzung	Vertrauen	Gemeinschaft	Sicherheit	Wohlbefinden		
Armin	8	8	6	5	8	9	8	10	9	9	80	
Ben	9	8	7	8	8	8	5	9	8	9	79	
Christine	10	8	7	5	9	8	9	8	8	9	81	
Dorothee	8	8	9	9	8	9	8	9	9	9	86	
Eberhard	8	9	8	7	8	9	10	8	7	8	82	
Fred	10	8	8	7	8	5	9	10	9	8	79	
Günter	7	9	8	7	9	9	7	7	8	8	79	
Hannelore	10	9	8	5	8	8	10	9	9	9	85	
Irene	8	8	5	8	9	9	9	9	8	8	81	
Jürgen	9	8	7	8	8	6	9	10	8	8	81	
Summe	87	83	73	69	83	80	84	89	83	85	813	
Handlungspriorität Werte				2		1			3			

Wie intensiv lebst du Wert (X) in der Rolle (Y)?

Baustellen   beobachtbar

Ressourcen

Analyse und Deutung – die Grundtabelle

Die Werte werden für jedes Teammitglied erfasst, dann spalten- und zeilenweise aufaddiert. Das obere Drittel der Topsummen für die Spalten und Zeilen wird grün markiert, das untere Drittel rot, die mittleren Werte sind dann wieder gelb, also »beobachtbare Bereiche«. Auch die drei oberen, unteren und mittleren Werte der Zellen werden grün, gelb und rot gefärbt.

Freiheit, Inspiration und Sicherheit sind in der Summenspalte unseres Beispiels links als Baustellen erkennbar. Ressourcen sind Menschlichkeit, Freude, Wertschätzung und Vertrauen. Beobachtbarer Bereich sind die Werte Wohlbefinden, Gemeinschaft und Offenheit.

Analyse und Deutung – der Wert-gegen-Wert-Abgleich

Auch der Wert-gegen-Wert-Abgleich, den die Teilnehmer durch das Ausschlussverfahren oben vorgenommen haben, wird ausgezählt: Wie oft

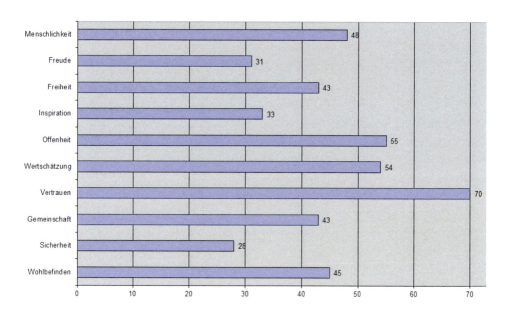

also schlägt beispielsweise der Wert Menschlichkeit einen der anderen Werte im Vergleich der Werte?

Aktuell ist den Mitgliedern dieses Teams Vertrauen, Offenheit und Wertschätzung besonders wichtig vor Mitmenschlichkeit, Wohlbefinden, Gemeinschaft und Freiheit. In den unteren Rängen der Wichtigkeit stehen in dieser Reihenfolge: Inspiration, Freude und Sicherheit.

Feintuning der Werte-Spalten

Bei der Erläuterung der Tabelle im Plenum betone ich zunächst einmal, dass wir es hier mit relativen Werten zu tun haben, die den gefühlsmäßigen Impulsen des Einzelnen zum aktuellen Zeitpunkt entsprechen.

Ich beginne mit den Summen in den Wertespalten. Welcher Wert wird bereits gut gelebt? Und was sind mögliche Baustellen?

Das Thema Vertrauen ist den Teammitgliedern am wichtigsten und wird im Wert-gegen-Wert-Abgleich mit 70 Zählern hoch bewertet, gefolgt von Offenheit und Wertschätzung. Das sind Topwerte für das Team, laut Tabelle aber Baustellen und beobachtbare Bereiche. Von den nachfolgenden wichtigsten Werten (Menschlichkeit, Wohlbefinden, Gemeinschaft und Freiheit) ist nur Freiheit eine eindeutige Baustelle, als wäre dies der Preis für die Nähe, die durch die anderen Werte gelebt werden kann. Bleiben Freude und Sicherheit als nächstwichtige beobachtbare Bereiche und Inspiration als Baustelle.

Die Gruppe erlebt das Ergebnis als Bestätigung der aktuellen Grundstimmung im Team. Auch wenn die Atmosphäre insgesamt gut ist, wünschen sich die Mitglieder mehr Freiheiten bei der Umsetzung ihrer eigenen Lösungsvorschläge. Sie fürchten, dass sie sich zu wenig einbringen können und dass dies ein grundsätzliches Problem im Unternehmen sein und die Firma sogar ruinieren könnte.

Das Teamcoaching hilft der Gruppe, sich offen über diese Tendenzen zu unterhalten, und dem Einzelnen, dass er sich trotz eventueller Bedenken durch diese Visualisierung als Mitglied des Teams abgebildet findet.

Auswertung der Rollen-Spalten

Die Rollenspalten behandle ich sehr vorsichtig. Die Mitglieder der abgebildeten Gruppe skalieren tendenziell hoch: Es gibt keine Werte unter »5«, was erfahrungsgemäß für eine durchgängig gute und optimistische Teamatmosphäre spricht. In anderen Gruppen könnte es dagegen Teilnehmende geben, die vor allem im unteren Bereich (»1« bis »5«) oder bevorzugt im oberen Spektrum (»6« bis »10«) bewerten. Darauf zu bestehen, dass die »5«er im Team deshalb »Baustellen-Kollegen« sind, könnte die ganze bisherige Arbeit zunichtemachen und den Rapport zerstören.

Eine Interpretation der abgegebenen Bewertungen von einzelnen Personen ist nur nach Rücksprache mit dem jeweiligen Teammitglied möglich. Sollte jemand wirklich gerade sehr unzufrieden sein und Unterstützung brauchen, kann man ihm jedoch empfehlen, sich einer »Ressource« im Team zuzuwenden, jemandem also, der kongruent mit Grün abgeschnitten hat.

Handlungspläne

Die meisten Wertecoachings für Teams haben mit dem Abschluss der letzten Phase bereits einen guten Stand erreicht. Die Tabelle kann dann als Basis für freie Diskussionen genutzt werden. Die zehn Teamwerte lassen sich darüber hinaus gut zusammenfassen. Sie können zum Beispiel Stichworte für ein kurzes Werte-Dossier sein. Und ich meine kurz! Bewährt haben sich Formulierungen, die alle zehn Werte als Begriffe in einem kurzen sinnvollen Abschnitt enthalten. Der lässt sich dann auch auf Visitenkarten oder gar als Schreibtisch-Aufsteller drucken.

»Unser Ziel als Team ist, einander durch Wertschätzung und Offenheit Sicherheit zu bieten. Vertrauen ist für uns ein Beitrag zum Wohlbefinden des Einzelnen. Wir sind eine Gemeinschaft, deren Mitglieder bei der Arbeit mitmenschlich füreinander da sind. Wir inspirieren uns gegenseitig und unterstützen einander, damit wir die gemeinsame Zeit mit Freude und unsere Arbeit als freiwilligen Beitrag zum Unternehmen erleben.«

Mit Brainwriting zum Handlungsplan

Reden und Diskutieren sind Bedürfnisse, für die auch lösungsorientierte Werte-Manager einem Team Zeit zugestehen sollten. Das ist jetzt passend: »Was machen wir mit den Ergebnissen?« Auch diese Gespräche im Plenum oder in Kleingruppen können eine verbindlichere Hinführung zu Handlungsplänen vorbereiten. Mein Mittel der Wahl dafür ist das sogenannte Brainwriting, eine Form des Brainstorming, nur dass hier die Gedankenstürme schriftlich erfasst werden. Brainwriting hat zwei Vorteile:

1. Das Ergebnis liegt sofort schriftlich vor.
2. Auch diejenigen Teilnehmer, die sich im Plenum zurückhalten würden, trauen sich, ihre Gedanken zu äußern.

In unserem Beispiel mit zehn Personen werden dazu zwei Untergruppen à fünf Personen gebildet. Vorbereitet wird für jede Person ein Bogen (mindestens DIN-A3) nach diesem Muster:

Name	Teamwert 1 von 10	Teamwert 2 von 10
1 (Besitzer)		
2		
3		
4		
5		

Die jeweilige Gruppe sitzt um eine gemeinsame Tischinsel herum. »Besitzer« eines Bogens ist im Folgenden das Teammitglied, das in der ersten Zeile steht. Der Besitzer beginnt mit je einem Handlungsvorschlag zur Verbesserung der oben eingetragenen Teamwerte. Das können die akuten Baustellen sein, bei zehn Werten aber auch alle zehn Werte, die verteilt werden. Für die Vorschläge zur Verbesserung »seiner« beiden Werte nimmt sich jeder Besitzer nach einem Startsignal insgesamt fünf Minuten Zeit.

Nach diesen fünf Minuten gibt der »Besitzer« seinen Bogen an den Nachbarn zur Linken weiter. Der hat ebenfalls fünf Minuten Zeit, auf die Vorschläge seines Vorgängers zu reagieren und dessen Gedanken weiterzuschreiben. Sobald das Signal wieder ertönt, wird der Bogen an den Nachbarn zur Linken weitergereicht. Der schreibt die Vorschläge seiner Vorgänger weiter.

Nach ca. 25 bis 30 Minuten hat jeder Besitzer seinen eigenen Bogen mit den ergänzenden Impulsen seiner Mitautoren zurück. Die »Besitzer« lesen sich die Vorschläge durch und tragen ihre Favoriten im Plenum vor.

Sie können mindestens vorläufig die Verantwortung für die Umsetzung der Vorschläge übernehmen oder sich dazu mit anderen Teammitgliedern zusammentun, zum Beispiel dem »Besitzer« der gleichen Werte aus der Parallelgruppe.

Transfersicherung für das Wertemanagement von Gruppen

Die Wertetabelle des Teams lässt sich auch für die Fernwartung nutzen. Ich lasse mir dazu von allen Teammitgliedern zunächst monatlich zu einem vereinbarten Stichtag die aktuelle Skalierung per E-Mail schicken, trage die neuen Bewertungen in die Tabelle des Teams ein und werte sie aus. Die Teammitglieder erhalten die Auswertung mit Hinweisen auf Entwicklungen, auf neue Baustellen oder Verschiebungen in den beobachtbaren Bereichen und bei den Ressourcen. Diese Auswertungen können dann in Teambesprechungen für die Entwicklung weiterer Handlungspläne genutzt werden. Leitfragen sind:

- Was sind die aktuellen Baustellen auf Werteebene?
- Haben die bisherigen Maßnahmen bereits gewirkt?
- Welche neuen Erfüllungskriterien braucht das Team möglicherweise, um sich wertekongruent weiterzuentwickeln?

Es ist auch möglich, einem Teammitglied dauerhaft oder rollierend die Moderation des Wertemanagements zu übertragen. Er sollte sicher mit dem Verfahren umgehen können, das Vertrauen der Gruppe genießen und auch bereit sein, sich bei Bedarf von einem erfahrenen Werte-Manager supervidieren zu lassen.

Diese Transfersicherung kann später auf Quartale oder halbe Jahre bis zum Ende der Maßnahme gestreckt werden. Eine Überprüfung nur einmal im Jahr setzt eine entsprechende Erinnerung an den bisherigen Prozess voraus und möglicherweise eine Nachschulung neuer Teammitglieder durch ein Einzelcoaching. Spätestens wenn die Hälfte der Teammitglieder neu ist, empfehle ich die Wiederholung der kompletten Maßnahme.

Metaprogramme

Wir haben bereits darüber gesprochen, dass es psychologisch sinnvoller ist, wenn sich jemand bewusst auf etwas Gewünschtes zu, statt von etwas Unerwünschtem weg bewegt. Beides ist die gleiche Richtung, aber das Erste lädt zu einer besseren Perspektive ein.

Solche Metaprogramme helfen uns bei jeder Wertearbeit, Muster zu erkennen, die entweder nützlich oder hinderlich sind. So könnte jemand schlechte Erfahrungen mit Technik (Dingen) zu einem Maßstab für Ereignisse in der Gegenwart machen, sich dabei jedes Mal in seine Erinnerungen hineinsteigern und am Ende eines Meinungsbildungsprozesses mit seinen Bedenken das Erreichte wieder zunichtemachen. Metaprogramme sind zusammenfassende Schlüsse aus ähnlichen Erfahrungen und damit Generalisierungen, die aus der Vergangenheit in die Zukunft hineinwirken.

Von-weg oder Hin-zu

Nun gibt es Menschen, die sich in den meisten Fällen ohnehin bevorzugt auf etwas Wünschenswertes zubewegen. Sie schreiben beispielsweise ihre Referate am Anfang des Semesters und haben danach frei. Andere werden erst kurz vor dem Abgabetermin für das Referat aktiv, weil sie den Druck nicht mehr aushalten. Das wäre eine Von-weg-Motivation, die gleichfalls, aber meiner Erfahrung nach emotional belasteter, zum gleichen Semesterabschluss führt. Schließlich bindet das verschleppte Referat auch in der Freizeit Aufmerksamkeit.

Handelt jemand vor allem nach dem Hin-zu-Prinzip oder vor allem nach dem Von-weg-Prinzip, dann folgt er damit vorrangigen Programmen. Und meistens ist er sich dessen nicht einmal bewusst.

Diese sogenannten Metaprogramme sind zunächst einmal »neutrale« Handlungsmöglichkeiten, sie sind also grundsätzlich weder positiv noch negativ. Erst in den Auswirkungen, wenn sie uns also fördern oder blockieren, zeigt sich ihre Nützlichkeit. Mit einem kontinuierlichen Hin-zu kann man seiner Umgebung deshalb genauso auf die Nerven gehen wie mit einem kontinuierlichen Von-weg. Von-weg kann andererseits hilfreich sein, wenn man den Schmerz einer Enttäuschung schon voraussehen kann und rechtzeitig handelt.

Um die wesentlichen Metaprogramme für den Werte-Manager kümmern wir uns gleich, vorab möchte ich jedoch erläutern, warum ein Metaprogramm sowohl die Ursache als auch die Lösung für einen Wertekonflikt sein kann.

Nehmen wir einen Klienten, der den Wert Liebe in der Beziehung zu seiner aktuellen Freundin unbefriedigt lebt. Diese Beziehung an sich ist ihm wichtig, aber er hat vorher so viele unglückliche Beziehungen erlebt, dass er innerhalb dieser Beziehung, bei der alles anders sein könnte, vor allem von-weg-motiviert ist. Seine Traumfrau dagegen will nur ihn und ist absolut hin-zu-motiviert, was ihn seinerseits noch mehr abschreckt.

Weitere Metaprogramme in diesem Fall könnten sein, dass der Mann in dieser Beziehung vergangenheitsorientiert und auf Ähnlichkeiten fixiert ist. Er sucht im Verhalten seiner gegenwärtigen Partnerin nach ähnlichen Verhaltensweisen früherer Partnerinnen und findet die natürlich, weil »ähnlich wie« immer geht. Er ist sofort von-weg-orientiert und das, obwohl Liebe und Partnerschaft hohe Werte für ihn sind.

Im Zusammenhang mit dem Wertecoaching und wingwave können wir solche Metaprogramme schnell identifizieren. Wir testen in Bezug auf die Beziehung zu seiner Partnerin die Begriffe »Hin-zu«, »Vergangenheit« und »Ähnlichkeiten mit anderen Beziehungen« und können bei einer schwachen Reaktion auf allen drei Programmen damit weiterarbeiten. Er will – unbewusst – von der jetzigen Beziehung weg, weil seine Freundin ihn an frühere Enttäuschungen erinnert. Ob das jetzt gut oder schlecht für ihn ist, hängt vom weiteren Verlauf des Coachings und den zusätzlichen Informationen ab, von denen er zu diesem Zeitpunkt möglicherweise selbst noch gar nichts weiß.

Ich fasse im Folgenden die 13 wichtigsten Metaprogramme zusammen. Für eine detailliertere Beschreibung verweise ich auf das Buch »Der Werte-Manager« von Peter Kensok und Katja Dyckhoff (2004).

Gleichheit und Unterschied

Schert der Liebhaber von oben alle Frauen über den gleichen Kamm, dann macht er es sich möglicherweise zu einfach. Er kann jederzeit die gleiche Entscheidung treffen und wird jederzeit das gleiche Ergebnis erhalten: »Frauen sind …«.

Vielleicht merkt er aber auch, dass sich seine aktuelle Partnerin von den bisherigen Partnerinnen unterscheidet und kann sich daher auf diese neue Beziehung besser einlassen. Umgekehrt könnte er Modelle funktionierender Beziehungen kennen und davon profitieren, genau auf diese Gleichheiten zu achten, die dieses Funktionieren ermöglichen.

Gleichheit und Unterschied sind Metaprogramme, die in jedem Rollen-Werte-Kontext wichtig sein können. »Wo hast du das schon erlebt?« oder »Woran erinnert dich das?« sind Fragen, die man hier stellen kann. Sie wecken Erinnerungen, die entweder förderlich sind oder aber bewältigt werden sollten.

Wichtig dabei ist zu erkennen, ob jemand nur im Problemkontext auf Gleichheiten oder Unterschiede achtet oder ob er das grundsätzlich in allen Lebensbereichen tut. Wer jeden Tag gleich gestaltet, hat dadurch eine klare Orientierung, unterbindet damit allerdings auch jede Art von Veränderung und Wachstum, denn dafür braucht es den Mut, sich auf Unterschiede einzulassen.

Spezifisch und Global

Ich hatte in der Einführung bereits beschrieben, dass der Werte-Manager vielen Anwendern sehr spezifisch erscheint, »blau« gewissermaßen. Während »spezifisch« den Eindruck erweckt: »So und nicht anders!«, ist »global« eine Orientierung, die wir flexibel in jede Richtung kneten können.

Die Skalierungen der Werte sind jedoch nie spezifisch! Sie sind intensiver oder schwächer, so wie Gefühle eben. Damit sind sie von Natur aus eher global, selbst wenn sie sich eher nach »3«, »5« oder »10« anfühlen.

»Spezifisch« und »global« sind weit entfernte Verwandte von »Gleichheit« und »Unterschied«. Wir können aber sowohl bei »Gleichheit« als auch bei »Unterschied« sehr spezifisch oder aber sehr global sein. Spezifisch heißt, dass jemand sehr genau benennen kann, worin beispielsweise ein Problem besteht. Im Coaching ist das häufig der Schritt, der zur Lösung führt. Der Klient erkennt, dass das Rad an sich gut ist und dass er nur eine defekte Speiche auswechseln muss, damit es insgesamt stabil bleibt. Die Ehe an sich ist glücklich, aber das Paar sollte klären, wer sich wann und wie um das Ausräumen der Geschirrspülmaschine kümmert, was seit Jahren als Problem im Raum schwebt.

Auch »spezifisch« kann ein Problem sein. Der Erbsenzähler kommt vor lauter Kleinlichkeit nicht in die Gänge. Er startet sein Geschäft erst, wenn wirklich alles perfekt ist und er alle Zusatzqualifikationen mit Auszeichnung zertifiziert bekommen hat – also nie.

Eher global wahrzunehmen, wirkt dagegen zunächst einmal großzügig. Überhaupt anzufangen, wäre danach der erste Schritt. Alles andere entwickelt sich im Vollzug.

Meiner Meinung nach ist ein gewisses Maß an zumindest zeitweiligem »Global« ein Element von Kreativität. Wir müssen den Mut haben, das Spezifische spätestens bei der Umsetzung integrieren zu wollen, dürfen aber auch großzügig mit Details bei der Entwicklung sein.

Andererseits bin ich persönlich dankbar für ein gewisses Maß an Zugang zum Spezifischen. Eine Telefonnummer nur »in etwa« genau gewählt zu haben, ist nicht wirklich nützlich. Ich will auch nicht »ungefähr« in Stuttgart-Leinfelden landen, sondern höchst genau auf einer Landebahn statt im Kartoffelacker daneben. Und sollte ich jemals einen Herzchirurgen benötigen, dann weiß er hoffentlich, was er tut, und nimmt mir nicht, weil es künstlerisch gerade wertvoll ist, den Blinddarm heraus.

Coaching ist häufig nur dann möglich, wenn wir nach der Diagnose, Analyse und Klärung offene, globalere Rahmen anbieten, innerhalb derer sich der Klient seine eigene, für ihn spezifische Lösung erarbeiten kann.

Ich persönlich brauche beides: im Kreativ-Modus das Globale und in der Umsetzung und der Organisation vieler Geschäftsfelder das Spezifische. Das wirkt sich auch auf meine Zufriedenheit im Privaten aus. Planen meine Frau, unsere Kinder und ich ein gemeinsames Wochenende, dann gilt für mich dieser Plan, weil ich damit auch bestimmte Miniziele verbinde, die wir gemeinsam anstreben. Nichts nervt mich dann mehr, als wenn der mühsam erarbeitete Plan das Einzige ist, was von Anfang an gar nicht stattfindet.

Allerdings sind die Modelle Spezifisch und Global auch vereinbar. Man kann als »spezifischer« Partner klar definierten Zeiträumen zustimmen, in denen »globales Verhalten« die Regel ist, wenn jeder Verantwortung dafür übernehmen mag. Dann frühstückt jeder für sich, oder jeder nimmt sich von der kalten Platte, die am Abend zuvor gemeinsam hergerichtet wurde, zu Mittag, wann und was immer er will.

Wer nur global ist, sollte dafür auch die Verantwortung übernehmen und sie nicht dem Spezifischen überlassen. Auch hier gilt, dass beides in Ordnung ist, solange beides funktioniert. Die Programme situationsbedingt wechseln zu können, ist in der Regel das beste Modell.

Dinge – Informationen – Menschen

ZDF stand an vielen anderen Stellen schon für Zahlen, Daten, Fakten. Manche Menschen sind so gut darin, Zahlen, Daten und Fakten wahrzunehmen und wiederzugeben, dass es fasziniert, ihnen zuzuhören. Bei einer Weinprobe zum Beispiel kann einer meiner Studenten Rebsorten, Gebiete, Hanglagen und Jahrgänge identifizieren. Und das alles natürlich, ohne auf das Etikett der Flasche zu schauen. Er spricht treffsicher von bestimmten Früchten, die er dem Weingeschmack entnimmt. Wenn der Wein auch nur wenige Temperaturgrade zu viel oder zu wenig hat, lässt er die gerade geöffnete Flasche im Lokal als ungenießbar zurückgehen.

Für jemanden, der nach vielen Jahren noch immer gerade Rot, Weiß, Rosé und vielleicht Trollinger herausfindet, sind das dann schon zu viele Details. Mit »schmeckt«, »schmeckt nicht« komme ich mir gegenüber dem Weinkenner wie ein Barbar vor. Ich würde bestimmte Dinge im Wein zumindest nicht bewusst wahrnehmen, weil ich für sie nicht einmal Worte hätte. So war auch Patrick Süßkinds »Das Parfüm« mit all seinen ungewohnten Begriffen für mich nicht nur ein Riechkrimi, sondern ein ganz neuer Kosmos.

Ich kann mit zu vielen Informationen nichts anfangen und will gar nicht wissen, aus welchem Material die Knöpfe am Jackett Heinrich des VIII. waren, als er seine letzte Frau köpfen ließ. Im Wertemanagement inszenieren wir Details so weit, dass sie als Tendenzen taugen und ihre metaphorische Wucht entfalten können.

Auch im Umgang mit Menschen komme ich gut mit der »ganzheitlichen« Sicht zurecht. Menschen interessieren mich. Nicht zu viel, denn dann sind sie auch wieder zu viele Informationen. Im Coaching mit einer Person oder einer Kleingruppe im Seminar verhalte ich mich professionell, selbst wenn ich bei den Informationen Nähe zulasse und Distanz einfordere. Ich muss nicht alles wissen, sollte aber erkennen, wie viel Information meinem Gegenüber gerade gut tut und dass er in diesem Augenblick der wichtigste Mensch im laufenden Prozess ist.

Auch in einem Museum bin ich nach spätestens einer halben Stunde informationssatt. Danach fallen mir nur noch die außergewöhnlichen Dinge auf. Dass das Museum noch 500.000 andere Artefakte hat, von denen es ohnehin nur fünf Prozent zeigt, macht mich nicht wirklich schlauer. Mein Metaprogramm-Fass für Informationen ist einfach voll, und ich bin im nächsten Saal nur noch schlecht gelaunt. Wenn Herr Matisse dort persönlich hängen würde, hätte er wieder meine volle Aufmerksamkeit, und ich würde mir Sorgen um ihn machen. Aber leider sind es wieder einmal nur seine Bilder, die nach und nach alle gleich aussehen. Mein Programm sind »Menschen«. »Informationen« wie ZDF kann ich auch, aber sie sind nicht wirklich meine Priorität.

Eher noch sind es »Dinge«. Ich freue mich, wenn Sachen fertig werden, ein Buch zwischen zwei Pappdeckeln fertiggeschrieben und gedruckt im Regal steht, ein leckeres Essen fertig gekocht ist, erst recht, wenn sich Menschen daran erfreuen werden. Ich finde den abgeschlossenen Hausputz als Sache toll, weil er mir die Freiheit gibt, mich wieder dem zuzuwenden, was mir wirklich wichtig ist.

Einer unserer Freunde dagegen findet »Menschen« unheimlich. Er fühlt sich wohl in Radiofrequenzen, die er einrichtet und jederzeit herunterbeten kann. Sie sind für ihn der Schlüssel zu praktischen Fähigkeiten, die er auch sonst wunderbar umsetzt. Ein Stuhl vom Sperrmüll wird unter seinen geschickten Händen nach kurzer Zeit wieder neuwertig. Es gibt nichts, was er nicht reparieren kann, und wie er das macht, könnte er einem in stundenlangen Vorträgen erzählen. Das tut er leider auch, und seine Umgebung geht dann regelmäßig in Deckung.

Die Frage: »Wie geht es dir?« würde er dagegen niemals stellen. Das wäre das Metaprogramm »Menschen«, und bei Menschen etwas zu »reparieren«, gehört nicht zu seinem »Dinge«-Programm. Die Informationen dazu entsprechen für ihn dem, was mir bei einer Weinprobe entgeht.

Je nachdem welches Programm unseres ist, fallen uns bei Problemen andere Details auf. Wir suchen bei einem Rollen-Werte-Konflikt möglicherweise nach dinglichen Ursachen, obwohl uns zum Beispiel nur eine Jahreszahl entgangen ist. Die Waschmaschine ist repariert, aber die Frau hätte sich über ein nettes »Ich liebe dich!« zum Hochzeitstag mehr gefreut. Das ist »Menschen«.

Wann Karl der Große geboren ist, ist einer Frau gerade so was von egal, weil sie gerade mit Karl dem Kleinen schwanger ist und einfach nur in den Arm genommen werden will. Aber weil ihr »Professor« das nicht kapiert, überlegt sie die ganze Zeit, ob sie überhaupt ein Kind von diesem ignoranten Erbsenzähler austragen will, der den Handwerker bestellt, wenn eine Glühbirne ausgetauscht werden muss. Sie will endlich einmal einfach nur in eine Scheibe Wurst beißen, ohne vorher die chemischen Bestandteile aufsagen zu müssen

Andere und Selbst

Auch für diese Programme gilt, dass sie zunächst einmal neutral sind. Es gibt Menschen, die sich für andere nahezu verausgaben, sei es in helfenden Berufen, als Vater, Mutter oder aber als absolut loyaler Mitarbeiter eines Chefs oder Vorgesetzten. Burnout ist meistens ein Zeichen dafür, dass jemand das Metaprogramm »Selbst« zu wenig fährt und seine eigenen Bedürfnisse zu lange zurückstellt. »Hauptsache, es geht meiner Familie gut«, sagt die Hausfrau beim Abwasch. Als sie unter dem Küchentisch zusammenbricht, hört sie gerade noch wie die Kinder und ihr Mann rufen: »Gleich geht die zweite Halbzeit los, bringst du uns noch ein Bier?«

Auch das Metaprogramm »Selbst« kann zum Burnout führen, wenn jemand alles nur Denkbare tut, um sich selbst zum fittesten Menschen der Welt zu trainieren. Täglich ins Studio für den besten Körper dieses Jahrhunderts zu gehen, kann zum Zusammenbruch führen, da ein gesunder Körper auch die Erholung nach der Herausforderung braucht. Mindestens unsere Gene setzen uns physiologisch Grenzen, die wir auch an der Hantelbank respektieren sollten. Wir können nur innerhalb unserer Möglichkeiten möglichst gut sein.

Sich um andere zu kümmern, ist für viele Menschen sinnstiftend und außerordentlich befriedigend. Wenn Geld keine Rolle (mehr) spielt, ist das Lächeln eines Kindes, das aufgrund des höchstpersönlichen Tuns eben nicht an Malaria stirbt, ein großartiges Geschenk. Mutter Teresa hat sich um Kranke und Sterbende gekümmert. Ob sie darauf persönlich stolz war, weiß ich nicht, denn das wäre ihr vielleicht zu nah am Metaprogramm »Selbst« gewesen.

Das Programm »Selbst« in einer gesünderen Form könnte bedeuten, auch einmal zum Arzt zu gehen und sich vorsorgeuntersuchen zu lassen. Oder weniger Termine anzunehmen, damit man das, was man für andere gerne tut, möglichst lange tun kann.

Assoziiert und Disassoziiert

Assoziiert bedeutet, voll und ganz als Erlebender im Geschehen zu sein. Wenn sich auf der Kinoleinwand jemand in den Finger schneidet, schreien Menschen mit vornehmlichem »Assoziiert«-Programm »Auah!«. Sich mit anderen und ihrem Erleben zu assoziieren, bedeutet emphatisch sein und mitfühlen zu können. Das ist im Prinzip toll.

Ein Feuerwehrmann, der nach einer Massenkarambolage auf der Autobahn jedoch zu sehr mitleidet, wird weder retten noch bergen. Um professionell zu handeln, braucht er die Fähigkeit zur Disassoziation. Er wird das Geschehen wie von außen betrachten müssen, um schnell und präzise handeln zu können. Seine Ausbildung und seine Erfahrungen haben den langjährigen Feuerwehrmann befähigt, auch bei schlimmen Unfällen Einsätze zu fahren. Trotzdem könnte er vollkommen aus dem

Takt kommen, wenn er sich mit einem sterbenden Kind im Alter seines eigenen Sohnes oder seiner eigenen Tochter assoziiert, dem er eben nicht helfen konnte. Das Mitleiden könnte ihn so stark belasten, dass er seinen Beruf sogar aufgeben muss.

Als Werte-Manager wie auch als jeder andere Coach ist der Wechsel von assoziiert zu disassoziiert eine entscheidende Fähigkeit: sich auf den anderen einlassen, um an entscheidende Informationen zu kommen und im nächsten Moment das Erleben aus einer ausreichenden Distanz betrachten, die uns zu Lösungen führt, die der assoziierte Klient bisher nicht zu denken wagte.

Manchmal erkennen wir im Coaching, dass die Klienten bei einem gegenwärtigen Thema zu stark assoziiert sind und zusätzlich noch frühere Traumata mit aktivieren. Das ist beim Thema Prüfungsangst häufig der Fall. Nehmen wir einen Lehrer bei seiner abschließenden Präsentation vor seiner möglichen Beförderung zum Oberstudienrat. Erinnert er sich dabei an alle seine verhauenen Prüfungen aus der eigenen Schulzeit, dann hat er eine ganz andere Ausstrahlung als derjenige, der von außen betrachtend erkennt, dass er trotz aller Flopps durchgehalten und bereits viele Prüfungen dieser Art gemeistert hat. Warum sollte ihm das jetzt nicht auch gelingen?

Disassoziiert zu sein, also eine Situation von der Metaebene, von oben drauf oder von außen zu sehen, ist ein guter Modus, um Probleme zu lösen. Um mitzufühlen und wirklich bei dem anderen zu sein, braucht es dagegen die Bereitschaft, sich zu assoziieren, also sich auf den anderen einzulassen.

»Mein Mann ist nie bei der Sache«, sagte eine Klientin über ihr Sexualleben. Seine ganzen lustfördernden Spielzeuge trügen nichts dazu bei, dass sie sich wirklich mit ihm verbunden fühle. Sie sehnt sich nicht mehr und nicht weniger als nach einem wirklichen gemeinsamen Erlebnis, bei dem es nur um sie beide geht. Sie hat »all die verlogene Dildo-Technik« satt.

»Disassoziiert« kann auch Oberflächlichkeit bewirken. Das Geschehen um einen herum geht einen nicht wirklich etwas an, sollen doch die anderen sich darum kümmern. Zu assoziiert zu sein, kann umgekehrt heißen, dass sich jemand um Dinge kümmert, die ihn nichts angehen und die nichts zur Lösung beitragen.

Notwendigkeit und Möglichkeit
Wer sich um das wirklich Notwendige kümmert und dabei auch das Wesentliche tut, der ist möglicherweise hoch effizient. So ist es bei einem Wasserrohrbruch sinnvoll, den Haupthahn zu kennen und zunächst einmal diesen zuzudrehen. Und wer eine Bombe entschärft, sollte das Notwendige tun und das Not abwendende Kabel durchtrennen.

Wer allerdings für das Abitur gerade so viel tut wie notwendig, sollte wissen, was genau er mit einem Viererschnitt noch studieren kann. Manchen reicht die Unterschrift eines möglichen Arbeitgebers, um sich die nächsten Überweisungen aus der Sozialhilfe zu sichern. Die notwendigen Kosten sind damit gedeckt, alles andere wäre anstrengend. »Na und? Solange das System diese Versorgung vorsieht, bin ich noch nicht am Ende der Nahrungskette angelangt. Ich bin halt genügsam und tolerant. Wer mehr schaffen will, kann auch mehr Steuern zahlen ...«

Die Suche nach Möglichkeiten sieht anders aus. Wer überall auf der Welt nur Wiener Schnitzel mit Pommes isst, schließt sich von den vielfältigen Genüssen aus, die die unterschiedlichen Küchen bieten. Tatsächlich verhindert er auch, dass er die anderen Kulturen jemals wirklich verstehen und mit allen Sinnen einschließlich Geruch und Geschmack erfahren wird.

Andererseits kann ein starkes Möglichkeiten-Metaprogramm verhindern, dass jemand Entscheidungen trifft. Entscheidung heißt eben, bei einer Sache zu bleiben und alle anderen abzuschreiben, ja keine weiteren Alternativen auch nur zu erwägen. »Möglichkeit« ist mehr, als nur das Notwendige zu tun.

Die Geschäfte haben sich längst auf Möglichkeiten-Menschen eingestellt und erlauben ihnen, stapelweise Kleidung aus dem Regal mitzunehmen und zu Hause »in Ruhe« anzuprobieren. Das ist ein Kompromiss, um auch diese Käuferschicht mit ihrer speziellen Mentalität bei der Stange zu halten.

Personalentscheider mit einem guten Möglichkeiten-, kombiniert mit einem menschenorientierten Programm sind offen für alles. Ob jemand groß, klein, dick, dünn ist, hübsch oder hässlich, sie bleiben fasziniert von jeder Begegnung und treffen die Entscheidung für jeden zugunsten des beabsichtigten Projekts. Hier ist »Möglichkeit« ein Segen.

Andererseits könnte ich neben einem Kartenleser mit einem Möglichkeiten-Metaprogramm nicht im Auto sitzen. »Du kannst möglicherweise vielleicht rechts oder links abbiegen, aber genau weiß ich das auch nicht«, ist ein Anlass, den Motor abzustellen und zu Fuß weiterzugehen.

Im Wertemanagement kann »Möglichkeiten« neue Verhaltensweisen und Entscheidungen eröffnen und eine festgefahrene Situation auflockern. »Notwendigkeit« kann helfen, sich auf das Wesentliche zu konzentrieren, statt sich weiter zu verzetteln. Das Ergebnis einer guten Arbeit mit dem Werte-Manager ist, dass Sie die vorrangigen Handlungsbereiche identifizieren, sich also auf die Baustellen konzentrieren können. Mehr vielleicht, aber nicht weniger.

Externe Referenz und Interne Referenz

Diese Metaprogramme stehen vor allem dafür, wie jemand erkennt, dass er eine Sache gut gemacht hat. »Externe« wollen die Bestätigung von außen, »Interne« loben sich im Zweifelsfall selbst. Sowohl die interne als auch die externe Referenz haben wieder zum einen Vorteile und zum anderen Nachteile.

Vor lauter interner Referenz vergessen manche Menschen, ihre eigenen Positionen infrage zu stellen und sich Rat von außen zu holen. Wer immer nur auf seine eigenen Bewertungen bauen musste, hat dabei am Ende möglicherweise nicht genug Selbstvertrauen, andere um Hilfe zu bitten. Wer dagegen ein Coaching bucht, eine Therapie macht oder gar einen guten Freund um dessen Meinung bittet, ist zumindest offen für die Perspektive von außen. Die externe Referenz ist gewissermaßen die Metaebene, personifiziert durch mindestens eine andere Person, während die interne Referenz die assoziierte Position im Prozess der Bewertung von etwas abbildet.

Mit einer externen Referenz holen wir eine externe Meinung ein, die unser eigenes Weltbild erweitert. »Mein Mann lässt sich von niemandem etwas sagen«, ist dagegen eine Aussage über eine hohe interne Referenz – für den Mann. Sie kann sehr nützlich sein, wenn ein Unternehmer sich so sicher im Geschäftsleben bewegt, dass er sich tatsächlich von niemandem etwas sagen lassen muss. Sie kann schädlich sein, wenn dieser »Niemand« sein Hausarzt ist und die meisten seiner Laborwerte inzwischen kritische Werte überschreiten.

Übrigens tut auch Menschen mit hoher interner Referenz ein Lob von außen gut. In deutschen Unternehmen leiden vor allem Menschen mit dem Metaprogramm externe Referenz darunter, dass sie keine Rückmeldungen erhalten, auch in den sogenannten Personalentwicklungsgesprächen nicht, selbst wenn das Qualitätsmanagement dies vorschreibt. »Externe« wollen in den Mitarbeitergesprächen klare Aussagen über ihre Leistung. Leider sind die meisten Vorgesetzten unfähig, diesen Bedarf zu erfüllen; auch sie werden schließlich nicht gelobt und füllen dementsprechend rein formal die vorgeschriebenen Unterlagen aus. Das reicht fürs nächste Audit. Tatsächlich verhindert das Orientierung und Entwicklung. Es sind anschließend gewissermaßen eine Menge Segelboote ohne Nebelhorn im dichten Nebel unterwegs.

Menschen mit externer Referenz als Metaprogramm brauchen Rückmeldungen von außen, um sich zurechtzufinden. Menschen mit interner Referenz als Metaprogramm tut es manchmal gut, wenn sie ihr Weltbild durch Meinungen von außen erweitern, selbst wenn sie es nicht zu brauchen scheinen, weil sie insgesamt unabhängiger wirken. Mir persönlich sind die Internen angenehmer, seit ich einmal einen Autoren betreute, der für ein Buchprojekt ein Autorenfoto abgeben sollte. Drei Fotos standen zur Auswahl. Er hat sage und schreibe 36 Freunde, Kollegen und Angehörige befragt, welches das beste Foto sei. Der Verlag ist ziemlich nervös geworden, weil dieser Autor so unentschieden tickte und die Produktion nicht nur seines eigenen Buchs bremste. Er war auch für den Text, um den ich mich kümmern sollte, eine meiner anstrengendsten Partner überhaupt.

Reaktiv, Aktiv und Proaktiv

Der Unterschied in diesen Programmen ist der Grad der eigenen Initiative beim Handeln. Reaktiv ist dabei nicht mit passiv zu verwechseln, was bedeuten würde, dass jemand überhaupt nichts tut, sondern dumm genug ist, die Hand weiter auf der heißer werdenden Herdplatte zu lassen. Der Reaktive wartet auf das Kommando: »Nimm die Hand da runter!«, der Aktive tut es von selbst, und der Proaktive schaltet von sich aus zusätzlich die Herdplatte aus und warnt die Mitbewohner.

Wieder haben alle Programme Vor- und Nachteile. Der Reaktive tut gut daran, sich anleiten zu lassen, wenn er von etwas tatsächlich gar keine Ahnung hat. Das ist sein normaler Modus. Ihm aber immer wieder neu erklären zu müssen, wie die Kaffeemaschine funktioniert, macht den Umgang mit ihm ziemlich anstrengend.

Der Aktive tut möglicherweise immer wieder das Gleiche auf die falsche Weise oder immer nur das, was er schon immer gemacht hat. Aber immerhin ist er aktiv.

Der Proaktive macht möglicherweise mehr, als seiner Umwelt gut tut, und hindert sie daran, eigene Fähigkeiten weiterzuentwickeln. Er meint, alles schneller, genauer und insgesamt besser zu können und macht sich dadurch unentbehrlich. Die proaktive Mutter räumt das Zimmer ihres Kindes auf, statt ihm beizubringen, es selbst zu tun. Bekommt das reaktive Kind keine Handlungsanweisungen, und die braucht es am Anfang in der Regel immer, dann weiß es schlichtweg nicht, dass die Legosteine in die Plastikwanne gehören. Daraus eine gemeinsame Aktivität zu machen, kann das Kind dazu bewegen, es zukünftig sogar proaktiv und ohne Ansage und Auftrag von selbst zu tun.

Prozedural und Optional

Diese beiden Metaprogramme lassen sich am besten über das Problemlösungsverhalten erklären. Zum Beispiel beim Kochen und Backen. Manche Köche kommen ohne Kochbuch einfach nicht aus. Sie wiegen alle Zutaten genauestens ab, halten Koch- und Backzeiten sowie Temperaturen genauso ein, wie es im Rezept beschrieben ist. Fehlt nach Ladenschluss auch nur eine einzige Zutat, dann kann der noch so eifrig versprochene Kuchen eben nicht gebacken werden.

Optional-Menschen kochen anders. Sie erinnern sich möglicherweise an einen Geschmack und das Aussehen von etwas und hören erst mit dem Kochen auf, wenn das Gericht diesen Erinnerungen entspricht. Fehlt eine Zutat, lässt sie sich durch die entsprechenden Gewürze ersetzen; passt die Konsistenz nicht, wird mit Sahne und etwas Mehl nachgeholfen. Am Ende sieht alles aus wie erinnert und schmeckt auch genauso, selbst wenn es mit dem Original nach Mutters Rezept nichts mehr zu tun hat. Das fällt aber niemandem auf. Die geniale Improvisation ist ein Happening in der Küche, das sich so auch niemals wiederholen wird, denn beim nächsten Mal fehlen garantiert andere Zutaten. Ziemlich sicher wird das Gericht wieder gelingen.

Prozedural und Optional lässt sich auch am Beispiel mit uns befreundeter Musiker erklären. Beide spielen traumhaft Klavier. Nimmt man Gabi jedoch die Noten weg, ist das Konzert zu Ende, als würde jemand bei einer Stereoanlage den Stecker ziehen. Thomas dagegen würde aus der Erinnerung und dem spontanen Empfinden heraus einfach bis zum Ende weiterspielen.

Auch beim Reisen gibt es Unterschiede in diesen Programmen. »Sag mir, wann und wo ich sein soll, und ich werde da sein«, reicht dem einen. Der andere wird einen genauen Plan mit Abreisezeiten, Strecken und Richtungsanweisungen brauchen, um rechtzeitig zum vereinbarten Termin auf dem Stuttgarter Schlossplatz zu sein. Jede Abweichung wird ihn komplett orientierungslos mitten in München-Puchheim landen lassen.

Ein Musterbeispiel für Reisehilfen sind die Navigationsgeräte im Auto. Sie sind prozedural, wenn man sich auf den vorgeschlagenen Weg einlässt. Sie berechnen dafür die schnellste oder kürzeste Strecke von A nach B. Sie sind optional, wenn wir die Autobahnausfahrt verpassen. Sofort wird die Strecke neu berechnet. Möglicherweise werden wir aufgefordert zu wenden und den alten Kurs wieder aufzunehmen. Das wäre dann wieder prozedural entsprechend der alten Route. Oder wir bekommen eine neue Route angeboten. Das Ziel wird auf jeden Fall erreicht.

Navigatoren sind ein gutes Beispiel für die gesunde Mischung von Prozedural und Optional. Das Ziel ist klar, aber der Weg kann sich ändern, wenn der Ablauf gestört wird oder sich ein sinnvollerer Zwischenschritt ergibt. Im Wertemanagement ist es genauso: Wie ein klar definiertes Ziel am Ende erreicht sein wird, das dürfen wir – optional – durchaus unserem Unbewussten überlassen. Mehr oder weniger prozedurale Streckenabschnitte sind erlaubt.

Wer im Gegensatz dazu beim Wertemanagement davon ausgeht, dass nur prozedural oder nur optional funktioniert, der macht die Rechnung ohne den Wirt. Das sind zum Beispiel Teammitglieder oder Angehörige, die bei »Erfolg« zwar das Gleiche fühlen, aber eben doch mit unterschiedlichen Erfüllungskriterien unterwegs sind. Das muss jedoch niemanden aus der Bahn werfen. Unsere Lösung fühlt sich zumindest »so ähnlich wie« an und kann daher auch entsprechend kommuniziert werden.

Prozeduralen Leuten können vor allem optionale Leute sehr leicht auf die Nerven gehen. Möglicherweise erreichen die Optionalen das gemeinsam vereinbarte Ziel jedoch auch. Ebenso gut ist es möglich, dass sie ständig den Weg ändern – und am Ende vielleicht sogar das Ziel.

Mismatch und Match

Mismatch bedeutet, dass man anders sein möchte als die anderen, match bedeutet, dass man die Übereinstimmung, Ähnlichkeiten und das Gemeinsame sucht. Eine Kollegin beendete eine dreitägige Diskussion, bei der alle sich einig wirkten, mit dem Satz, sie müsse sich ihre Entscheidung noch überlegen und schließe nicht aus, dass sie möglicherweise doch gegen alles sei. Damit band sie drei weitere Tage lang die Aufmerksamkeitsenergie aller anderen Teammitglieder, die sich ins Regelwerk geschrieben hatten, dass nur bei Einstimmigkeit der nächste Schritt erfolgen kann.

Eine andere Kollegin zieht zuverlässig kurz vor Ende einer offiziellen Diskussionszeit ihre »Anti-Karte« und stellt – durchaus angemessen – das Gesamtergebnis infrage. Sie genießt ihren Auftritt. Und das ist das

Entscheidende für als lästig empfundene Mismatcher: Sie wollen für ihr Anders-Sein anerkannt werden.

Der Matcher wird dagegen die Mitte suchen, das Sowohl-als-auch. Er will dazugehören und sucht nach Übereinstimmungen in der Gruppe. Auch das kann ein Fehler sein, wenn jemand deshalb auf eine Erkenntnis verzichtet und die Titanic absäuft: »Den Eisberg seh› ich auch, aber wir schreiben Geschichte und vor allem: Wir sind ein Team!«

Sowohl Mismatcher als auch Matcher können Entwicklungen blockieren. Sie können auf der anderen Seite auf kritische Punkte aufmerksam machen oder großzügig Harmonie bewirken, wo sie die hilfreichere Lösung ist. Es kommt auf den Zeitpunkt an, wann Mismatcher ihre Argumente vorbringen. Am Ende einer Diskussion wirken sie genauso destruktiv wie am Anfang das In-Watte-Packen der Matcher. Dass zu viel Übereinstimmung Kriege auslösen kann, haben die 1930er Jahre in Deutschland gezeigt, ein klares Nein oder »Mit mir nicht mehr!« kann dagegen Machtmissbrauch oder das Ausgenutzt-werden verhindern.

Intime und Throughtime

Diese Programme erkläre ich gerne mit »im Hier und Jetzt sein« (= intime) und »genau das, also intime, nicht« (= throughtime). Intime verbinde ich mit glücklichen Buddhas, throughtime mit Zeitmanagement-Systemen, nach denen jemand Dinge zuverlässig abarbeitet, ohne sich wirklich mit ihnen zu identifizieren.

Intime kann bedeuten, dass jemand zu einem verabredeten Zeitpunkt nicht am verabredeten Ort sein wird, an dem ihn der Throughtimer erwarte. Der Intimer hat gerade ein interessantes Gespräch mit der Nachbarin geführt, die er zufällig getroffen hat …

Wer nach dem Intime-Modell seinen Zug erreichen will, hat nur deshalb Erfolg, weil die Bahn gerade eh nicht pünktlich fährt. Der konsequente Throughtimer wird das nächste Mal lieber mit dem Auto fahren, weil er sich besser auf sich selbst als auf die Deutsche Bahn verlässt. Wahrscheinlich wird er im Stau stecken bleiben, weil irgendein Optionaler gerade rechts und links gleichzeitig abbiegen wollte …

Ein Haus plant man besser im Zustand des Throughtimers, seine Frau liebt man am besten im Hier und Jetzt, also intime. Wer dabei an die Farbe der Tapeten denkt, sollte »es« besser lassen.

Vergangenheit – Gegenwart – Zukunft

Intime und Throughtime sind Modelle aus der Timeline-Arbeit des Neurolinguistischen Programmierens. Das Timeline-Coaching ist ein Kunstwerk an sich und wurde in mehreren Büchern abgehandelt. Wer es im Wertemanagement etwas einfacher haben möchte, der kommt auch mit den grundsätzlichen Orientierungen Vergangenheit, Gegenwart und Zukunft aus.

Nehmen wir das Beispiel des jungen Manns weiter oben. Er orientiert sich bei seiner gegenwärtigen Partnerschaft an früheren Beziehungen, die ihn enttäuschten, also lebt er in der Beziehung das Metaprogramm Vergangenheit. Das Programm kann nichts dafür, dass er damit unglücklich ist. Es bietet im Coaching sogar einen Ausweg: »Wenn dir Partnerschaft so wichtig ist, welche funktionierenden Beziehungen, auch wenn du sie selbst nicht erlebt hast, kennst du? Und was machen die Beteiligten anders?«

Oder einfacher: »An wessen silberne oder goldene Hochzeit erinnerst du dich, und was lernst du daraus?«

Das Vergangenheitsprogramm kann einen schützen oder behindern, es kann einen an Gefahren erinnern oder unangemessene Verallgemeinerungen aktivieren. Genauso kann einem, was einem heute gut tut, in der Zukunft schaden. Sport mit 30 ist anders als mit 50. Wer dabei der Gegenwart von damals zu sehr verhaftet bleibt, riskiert, dass er selbst vorzeitig Vergangenheit sein wird.

Auch das Metaprogramm Zukunft hat Haken und Ösen. Wer stets auf eine bessere Zukunft hofft, verpasst die Segnungen der Gegenwart. Der Spruch hat was: »Genieße die Gegenwart, denn die Zukunft wirst du nie erleben, und was Vergangenheit ist, das war!« Dass man trotzdem aus Erfahrung klug werden kann und die gleichen Fehler nicht noch einmal machen muss, versteht sich von selbst. Während die Last einer Schuld auf die Vergangenheit verweist, sind Angst und Panik in die Zukunft gerichtet – in eine Zeit, die möglicherweise niemals eintreten wird. In der Gegenwart bekommen Angst und Panik eine andere Qualität.

Andererseits macht das Metaprogramm Zukunft für die Zieleplanung durchaus Sinn. Wir erleben bei einem gut geplanten Ziel etwas Zukünftiges als gegenwärtig und nähern uns dem Ziel mit Vorfreude. Es heißt, dass das Erreichen des Ziels dadurch sogar doppelt Freude machen wird. Wir erkennen im Ziel wieder, was wir schon »vorgefreut« haben und verstärken dadurch die Freude.

Es kommt vor, dass jemand seinen zukünftigen Erfolg so kongruent, also echt oder authentisch empfunden, plant, dass ihn das eigentliche Ziel nicht mehr interessiert. Wenn er noch einen Bezug zu dem geplanten Ziel hat, dann, als befinde er sich bereits in der Zeit danach. Es macht jedoch wenig Sinn, das Dach zu decken, wenn die Fundamente noch gar nicht gegossen sind. Manche Menschen mit Metaprogramm »Zukunft« leben so wenig in der Gegenwart, dass ihre Mitmenschen nicht verstehen, wie sie bereits etwas zu sein vorgeben, was sie noch gar nicht geworden sind.

Bonuskapitel für wingwave-Coachs

Wertemanagement mit wingwave-Coaching

Dieses Kapitel im »Arbeitsbuch zum Werte-Manager« ergänzt die vielen Veröffentlichungen zum Thema wingwave um ein weiteres Anwendungsbeispiel. Es ersetzt nicht die supervisorische Begleitung und schon gar nicht eine qualifizierte wingwave-Ausbildung (siehe www.wingwave.com, www.wingwave-stuttgart.de und www.wingwave-kensok.de).

wingwave ist ein geschütztes Verfahren, über das vor allem Cora Besser-Siegmund und Harry Siegmund aus Hamburg Bücher geschrieben haben. Als Einstieg empfehle ich »wingwave-Coaching: wie der Flügelschlag eines Schmetterlings« (Besser-Siegmund et.al. 2010). wingwave feierte 2011 das zehnjährige Jubiläum der offiziellen Einführung. Zu diesem Zeitpunkt gab es etwa 2000 ausgebildete wingwave-Coachs weltweit.

Der historische Vorgänger zu wingwave ist ein Verfahren aus der Traumatherapie, das als »Eye Movement Desensitization and Reprocessing« Mitte der 1970er Jahre von der Amerikanerin Francine Shapiro entwickelt und unter dem Kürzel EMDR bekannt wurde. Cora Besser-Siegmund und Harry Siegmund verfeinerten die ursprüngliche Methode. Sie kombinierten EMDR mit Elementen aus dem Neurolinguistischen Programmieren und entwickelten mit Unterstützung ihrer Coachs sogenannte Fragebäume, die bei unterschiedlichsten Themen schnell und dauerhaft zu Lösungen führen. Und sie führten den Myostatik-Test ein, wie er im wingwave genannt wird. Dieser Muskeltest ist feiner als der Deltamuskeltest mit dem abgestreckten Arm, der vielen Klienten und Therapeuten aus kinesiologischen Behandlungen bekannt ist.

Beim Myostatik-Test bildet der Klient mit Daumen und Zeigefinger, Daumen und Mittelfinger oder Daumen und Ringfinger einen geschlossenen Kreis. Der frühere Name O-Ring-Test erinnert daran, wobei das

»O« auch für Yoshihika Omura steht, einem amerikanischen Forscher, der diesen Muskeltest als Erster untersuchte. Inzwischen wurde der Myostatik-Test auch von Marco Rathschlag an der Deutschen Sporthochschule Köln im Rahmen seiner Promotion überprüft und als »valide«, also zutreffend bestätigt.

Während der Klient mit den Fingern dieses »O« bildet und mit aller Kraft hält, versucht der Coach, diesen Ring mit seinen eigenen Fingern auseinander zu ziehen. Bietet der Coach dem Klienten zuvor eine schwächende Aussage an, dann öffnet sich der Ring. Im Fallbeispiel zu diesem Kapitel öffnete sich der Ring, als ich meine Klientin, Rebecca, zu sagen bat: »Ich heiße Karl-Heinz.« Das System reagierte mit Schwäche, weil die angebotene Aussage nicht zutraf. Bei »Ich heiße Rebecca« hielt der Test.

Der Myostatik-Test ist jedoch kein Lügendetektor. Wir finden damit lediglich heraus, ob eine Information verkraftbar ist. Nehmen wir das Beispiel eines Flugängstlichen. Am Anfang einer wingwave-Intervention reagiert er auf das Wort »Absturz« mit Schwäche, der Ring öffnet sich also. Hält der Test nach der Intervention, dann kann der Klient den Begriff »verkraften« und ist möglicherweise seine Flugangst los, wenn es nicht weitere Aspekte zum Thema gibt. Weitere Beispiele für wingwave-Interventionen stehen in dem Buch »Erfolge zum Wundern« (Besser-Siegmund et al. 2009) .

Auf diese ebenso einfache wie effektive Weise lassen sich Blockaden mit wingwave identifizieren und im weiteren Verlauf auflösen. Dazu nutzt der Coach die sogenannte Hemisphärenstimulation. Das können taktile Signale zum Beispiel an den beiden Knien sein, die wingwave-Musik, die gut ausgesteuert Impulse auf das linke und rechte Ohr gibt, oder der »im Wachzustand simulierte REM-Schlaf«. REM steht für »Rapid Eye Movement« und die Schlafphasen, in denen wir träumen und in der Regel ohne bewusstes Zutun Erlebnisse verarbeiten.

Während der Klient im wingwave-Coaching an eine Sequenz seines Themas denkt und dabei auch die Gefühle wahrnimmt, führt der Coach mit schnellen Winkbewegungen die Augen des Klienten von links nach rechts und durch unterschiedliche sensorische Bereiche, die an die Augenbewegungen gekoppelt sind. Das Sehen von Bildern ist eher oberhalb der Sehachse verortet, das Hören auf Ohrenhöhe und das Fühlen deutlich unterhalb der Sehachse.

Das schnelle Winken stimuliert Assoziationen, die zu einer Auflösung des Themas beitragen. Was dieses Thema im Einzelnen tatsächlich sein wird, wissen am Anfang häufig weder der Klient noch der Coach. Um möglichst schnell an den Kern des Themas zu kommen, winken wing-wave-Coachs vor den Augen ihrer Klienten und lassen sie zu den Stichworten weitere, meist zunächst völlig unbewusste Verknüpfungen finden. Ein vermutetes Thema ist häufig der tatsächlichen Ursache einer Blockade eben nur ähnlich.

In »Flugangst oder: Du kommst hier nicht rein!« (Kensok 2009) beschreibe ich einen Schüler, der im Bordingbereich am Flughafen blockierte, wenn er also der Mitarbeiterin der Fluggesellschaft vor dem Einsteigen seinen Bordingpass zeigen musste. Um seiner diffusen Angst einen gesellschaftsfähigen Namen zu geben, nannte er sie Flugangst. Jahre zuvor und bewusst seitdem nicht mehr zugänglich, hatte er sich im Außenbereich des Kindergartens verspielt und es nicht mehr rechtzeitig zum Klo geschafft. Er stand hilfesuchend vor einer völlig überforderten Kindergärtnerin, die ihn nicht anzufassen wagte, noch die Mutter oder Großmutter erreichen konnte, damit die ihm halfen. Die Erinnerung an die Geste einer größeren Frau und die Bedeutung: »Du kommst hier nicht rein!« wurde jedes Mal aktiviert, wenn er im Bordingbereich eines Flughafens irgendwo auf der Welt stand. Diese Verknüpfung konnte durch die wingwave-Intervention komplett aufgelöst werden – und damit auch die Flugangst.

Diese Skizze des Verfahrens soll an dieser Stelle genügen. wingwave-Coaching ist Emotionscoaching. Nun gibt es »klassische« Gefühle, die dabei immer wieder auftauchen und die auch neurophysiologisch sehr gut untersucht sind. Wut, Schock, Trauer, Freude, Lust gehören dazu, und sie werden von allen gesunden Menschen verstanden. Wir erkennen sie aufgrund unserer Fähigkeit mitzufühlen, weil wir sie selbst erlebt haben und unsere Gehirne auf die gleiche Weise funktionieren wie die anderer Menschen, auch solchen aus anderen Kulturen und von anderen Kontinenten.

Aber wie ist das nun mit unseren Werten?

Kriterien für Werte sind, dass wir sie empfinden können und es in unterschiedlichen Rollen unterschiedliche Erfüllungskriterien, also Auslöser dafür gibt. Allerdings müssen wir damit rechnen, dass Erfolg beispielsweise von jedem Menschen mit anderen, zusätzlichen Emotionen verknüpft wird: für den einen mit Freude, für den nächsten mit Lust, Anerkennung, Stärke oder Macht. Auch Toleranz und Respekt sind Begriffe, die man bisher eher in der Wertearbeit findet als in einem Emotionscoaching.

Genau das wird im Folgenden anders sein. Wenn ein Wert mit einem starken Gefühl verbunden ist, sind weder Autos, noch viel Geld und nicht einmal Familie Werte, sondern bestenfalls Erfüllungskriterien für Werte. Dazu heißt es in Verkäuferschulungen: »Wir verkaufen keine Autos, sondern Emotionen!« Ein Saab bewirkt andere Gefühle als ein Porsche, ein Oldtimer andere als das neueste Modell mit Hybridantrieb, eine Vespa andere als eine Harley Davidson.

Werte sind auch dann Emotionen, wenn die Begriffe, die unser Klient dazu aufgrund seines persönlichen Weltbildes herausarbeitet, uns seltsam vorkommen, wie das Gefühl »Vorbild sein«. Da die Klientin in unserem Fallbeispiel sagen kann, wo im Körper sie »Vorbild sein« fühlt, ist es für sie ein Wert. Sie muss dafür keine Begriffe finden, die meinem Weltbild als Coach entsprechen, und ich schwinge ihr auch keinen anderen Begriff auf, weil jede Abweichung eine Verfälschung wäre. »Vorbild sein« steht im weiteren Verfahren in Anführungszeichen und ist damit unser Arbeitstitel für dieses Gefühl. Auch deshalb sind die Werte eines Menschen in ihrer Kombination so individuell wie ein Fingerabdruck.

Wenn Werte nun Emotionen sind, können wir sie mit den Möglichkeiten des Emotionscoachings begleiten. Das Einfachste dabei ist, unsere Arbeit auf ihre limbische Stimmigkeit mit dem Myostatik-Test zu überprüfen. Das limbische System ist der älteste Teil des Gehirns, das zigtausend Jahre Erfahrung mit Flucht, Angriff und Erstarrung als Überlebensstrategien hat. Auch dabei spielen vor allem Emotionen eine Rolle. Wir müssen sofort Angst haben und reagieren, wenn ein gefährliches Tier sich uns nähert. Das Tier hätte uns vermutlich längst verspeist, wenn wir das Ereignis erst vertexten wollten.

Wenn wir ein Ereignis mit dem Myostatik-Test limbisch überprüfen, dann kommunizieren wir mit einem System aus der Hochzeit der Reptilien. Unser walnussartiger Neocortex, den wir meistens mit dem Gehirn verbinden, ist dagegen ziemlich jung.

Wertekonflikte lassen sich genauso behandeln wie belastende Gefühle. Und gut besetzte Werte in der einen Rolle lassen sich als Modell für die gleichen Werte in einer anderen Rolle nutzen.

Alle Aspekte des bisherigen Werte-Managers können mit wingwave-Mitteln begleitet werden. Auch die Stichworte, die uns unsere Liste der Metaprogramme liefert, lassen sich als Fragebaum für die Diagnose und mögliche Lösungen einbinden. Wie das geht, zeige ich Ihnen am Beispiel einer Arzthelferin, die als normales »Du-Beispiel« für das Wertemanagement begann und dann als Wertemanagement mit wingwave fortgesetzt wurde.

Der Einstieg mit dem klassischen Werte-Manager

Die Klientin:
Rebecca ist eine 42-jährige Arzthelferin aus Hamburg, verheiratet und Mutter von zwei Töchtern. Die ältere studiert, die jüngere hat nach dem Abitur eine Berufsausbildung begonnen. Rebeccas Mutter ist 78 Jahre alt, der Vater 80. Sie hat eine ältere und eine jüngere Schwester.

Im ersten Durchgang lasse ich Rebecca brainstormen, was sie alles mag. Auf dem Flipchart erscheint in der Spalte der positiven Erfüllungskriterien diese Liste:

☺ Was magst du gerne?	☹ Worüber ärgerst du dich?	Werte
• Sport • Lesen • Wandern • Radfahren • Schnell rennen • Mit Leuten ausgehen • Theater • Tanzen aktiv und passiv (als Zuschauerin) • Musik hören • Massagen bekommen • Spritzen geben • Blut abnehmen • Kochen • Essen gehen • Verreisen • Schöner Balkon mit Pflanzen		

Dann stockt sie. Ich biete ihr folgendes Szenario an: »Der Jackpot liegt bei sechs Millionen und du gewinnst. Geld spielt keine Rolle mehr. Was machst du damit?«

Sie ergänzt darauf die Liste um:

• eigene Wohnung
• im Grünen Wohnen
• frische Luft

Wir haben einen guten Rapport zueinander, und deshalb beschreibe ich ihr, dass sie etwas zögerlich bis unsicher wirkt. Sie sagt: »Irgendwie fühlt es sich so an, als wenn da noch etwas dazugehört, aber ich bin mir nicht sicher.« Ich biete ihr an, ihre Liste der Erfüllungskriterien nachzuprüfen.

Rebecca ist mit dem Myostatik-Test testbar und ich teste diese Aussage: »Die Liste ist vollständig.« Der Ring geht auf, das heißt, die Liste ist nicht vollständig. Da sie nicht weiß, was sie noch ergänzen soll, teste ich die Lebensbereiche: »Familie«, »Beruf«, »Freundeskreis« und »Etwas anderes«. Der Test zu »Familie« geht auf. Ich winke kurz vor ihren Augen. Nach einer Weile sagt sie: »Stimmt, da muss noch etwas dazu.« Sie ergänzt die Liste um:

- Partnerschaft
- Kinder

Ich teste, ob die Liste jetzt vollständig ist, und der Test hält. Ich teste weiter: »Wir dürfen mit dieser Liste arbeiten.« Und dieser Test hält ebenfalls.

☺ Was magst du gerne?	☹ Worüber ärgerst du dich?	Werte
• Sport • Lesen • Wandern • Radfahren • Schnell rennen • Mit Leuten ausgehen • Theater • Tanzen aktiv und passiv (als Zuschauerin) • Musik hören • Massagen bekommen • Spritzen geben • Blut abnehmen • Kochen • Essen gehen • Verreisen • Schöner Balkon mit Pflanzen • Eigene Wohnung • Im Grünen Wohnen • Frische Luft • Partnerschaft • Kinder		

Wir erfassen als nächstes die Liste der Erfüllungskriterien, die Rebecca ärgern:

☺ Was magst du gerne?	☹ Worüber ärgerst du dich?	Werte
• Sport • Lesen • Wandern • Radfahren • Schnell rennen • Mit Leuten ausgehen • Theater • Tanzen aktiv und passiv (als Zuschauerin) • Musik hören • Massagen bekommen • Spritzen geben • Blut abnehmen • Kochen • Essen gehen • Verreisen • Schöner Balkon mit Pflanzen • Eigene Wohnung • Im Grünen Wohnen • Frische Luft • Partnerschaft • Kinder	• Schlecht gelaunte Leute • Autolärm • Abgase • Laute Musik • Ungerechtigkeit: fehlende Gehaltsanpassung für die Kollegin • Statusdünkel • Fehlende oder verweigerte Absprachen • Nicht Einhalten der Absprachen • Verschleppte Zahlungen • Interessen der Mitarbeiter ignorieren • Verschwendung zu Lasten anderer	

Auch hier teste ich wieder: »Die Liste ist vollständig.« Rebecca reagiert darauf mit Schwäche, der Ring geht auf. Ich teste wieder »Familie«, »Beruf«, »Freundeskreis« und »Etwas anderes«. Der Test öffnet sowohl bei »Familie« und »Beruf« als auch bei »Freundeskreis«. Ich winke wieder vor ihren Augen, bis ihr weitere Kriterien einfallen:

- Von den Helferinnen vorgeschlagene Methoden werden nicht akzeptiert.
- Privat sind sie und ihr Ehepartner oft Gastgeber und selten Gäste.
- Die Mitglieder der Herkunftsfamilie kommunizieren schlecht miteinander.

Zögerlich reicht sie nach:

- Der Ehepartner spricht in Gruppen zu wenig.

Eben weil sie zögert, teste ich das letzte Kriterium als Aussage extra. Und der Test hält. Das heißt: Es ist nicht wirklich ein belastendes Thema. Sie nickt schließlich: »Mein Mann gilt als guter Zuhörer, als sympathischer, bescheidener und aufmerksamer Gastgeber.«

Wir unterkringeln also dieses Kriterium als »Nicht-Problem«. Der Test: »Die Liste ist jetzt vollständig« hält jetzt. Und auch die Überprüfung, »Wir dürfen mit dieser Liste weiterarbeiten«, wird durch den Myostatik-Test bestätigt.

☺ Was magst du gerne?	☹ Worüber ärgerst du dich?	Werte
• Sport • Lesen • Wandern • Radfahren • Schnell rennen • Mit Leuten ausgehen • Theater • Tanzen aktiv und passiv (als Zuschauerin) • Musik hören • Massagen bekommen • Spritzen geben • Blut abnehmen • Kochen • Essen gehen • Verreisen • Schöner Balkon mit Pflanzen • Eigene Wohnung • Im Grünen Wohnen • Frische Luft • Partnerschaft • Kinder	• Schlecht gelaunte Leute • Autolärm • Abgase • Laute Musik • Ungerechtigkeit: fehlende Gehaltsanpassung für die Kollegin • Statusdünkel • Fehlende oder verweigerte Absprachen • Nicht Einhalten der Absprachen • Verschleppte Zahlungen • Interessen der Mitarbeiter ignorieren • Verschwendung zu Lasten anderer • Von den Helferinnen vorgeschlagene Methoden werden nicht akzeptiert • Privat sind sie und ihr Ehepartner oft Gastgeber und selten Gäste • die Mitglieder der Herkunftsfamilie kommunizieren schlecht miteinander • der Ehepartner spricht in Gruppen zu wenig	

Wir haben jetzt also eine Liste der limbisch bestätigten Erfüllungskriterien, die noch unbekannte Werte bedienen oder aber gegen sie verstoßen. Im nächsten Schritt erarbeiten wir die Werte, die von den positiven Erfüllungskriterien unterstützt werden:

»Sport: Wofür ist das für dich gut?« Rebecca antwortet: »Für Wohlbefinden, Gesundheit und Schönheit.«

Schönheit ist nun eine Aussage über etwas, das weitere Emotionen bewirken kann wie Vertrauen und Freude. Ich frage also: »Wo in deinem Körper ist das Gefühl Schönheit?« Sie legt die Hand auf eine Stelle knapp unterhalb des Herzens und sagt sehr entschieden: »Hier!«

»Wofür ist Lesen gut?«, frage ich als nächstes. Antwort: »Für Entwicklung und Wachstum.« Sie setzt beides auf eine Ebene. Ich frage nach: »Welcher Begriff schließt für dich den anderen ein?« »Entwicklung!«

So arbeiten wir alle positiven Erfüllungskriterien durch und ergänzen die Liste der Werte. »Wandern« beispielsweise ist ein Kriterium für Kontakt, Spaß und Harmonie, die wir hinzufügen. Gleichzeitig ist es auch ein Kriterium für Wohlbefinden und Gesundheit, die bereits auf der Liste stehen.

Je weiter wir die Liste der positiven Kriterien abarbeiten, umso weniger Werte müssen wir noch ergänzen. Das ist ein guter Lernerfolg: Wir können mit unterschiedlichen Kriterien die gleichen Werte bedienen! Ist Wandern gerade nicht möglich, tut auch eine Massage vom Partner der Gesundheit und dem Wohlbefinden gut. Mit Leuten auszugehen, dient der Entwicklung genauso wie das Lesen oder das Kennenlernen anderer Länder durch eine Urlaubsreise, die das Budget gerade sprengen würde.

Am Ende dieser Phase haben wir folgende Werte identifiziert:

☺ Was magst du gerne?	☹ Worüber ärgerst du dich?	**Werte**
• Sport • Lesen • Wandern • Radfahren • Schnell rennen • Mit Leuten ausgehen • Theater • Tanzen aktiv und passiv (als Zuschauerin) • Musik hören • Massagen bekommen • Spritzen geben • Blut abnehmen • Kochen • Essen gehen • Verreisen • Schöner Balkon mit Pflanzen • Eigene Wohnung • Im Grünen Wohnen • Frische Luft • Partnerschaft • Kinder	• Schlecht gelaunte Leute • Autolärm • Abgase • Laute Musik • Ungerechtigkeit: fehlende Gehaltsanpassung für die Kollegin • Statusdünkel • Fehlende oder verweigerte Absprachen • Nicht Einhalten der Absprachen • Verschleppte Zahlungen • Interessen der Mitarbeiter ignorieren • Verschwendung zu Lasten anderer • Von den Helferinnen vorgeschlagene Methoden werden nicht akzeptiert • Privat sind sie und ihr Ehepartner oft Gastgeber und selten Gäste • die Mitglieder der Herkunftsfamilie kommunizieren schlecht miteinander • der Ehepartner spricht in Gruppen zu wenig	• Wohlbefinden • Gesundheit • Schönheit • Entwicklung • Kontakt • Spaß • Harmonie • Entspannung • Anerkennung • Kreativität • Neugier • Sicherheit • Vertrauen • »Vorbild sein« • Ehrlichkeit

Jetzt bearbeiten wir die Negativliste: »Gegen welche erwünschten Werte verstoßen die einzelnen Kriterien? Und müssen wir Werte hinzufügen, die noch nicht auf der jetzigen Liste stehen?«

»Schlechtgelaunte Leute« wirken sich bei Rebecca mindestens auf Wohlbefinden, Spaß, Entspannung und Kontakt aus. So gehen wir alle negativen Kriterien durch. Tatsächlich braucht Rebecca innerhalb ihres Weltbilds bewusst keinen Wert nachtragen, der noch nicht auf der Liste stünde. Ich teste mit dem Myostatik-Test: »Die Liste ist vollständig.« Und der Ring hält. Auch »Wir dürfen mit der Liste weiterarbeiten.« bleibt stabil.

Ich erkläre Rebecca, dass im Folgenden kein Wert verloren gehen oder gestrichen wird, sondern dass ein Wert möglicherweise selbst ein Erfüllungskriterium für einen anderen Wert sein kann. Wir würden also Hauptwerte haben, in die andere Werte integriert sind. Ich teste: »Wir dürfen die Liste zusammenfassen.« Und Rebecca testet stabil. Wäre es anders gewesen, hätte ich die Grundtabelle möglicherweise um weitere Wertespalten erweitern müssen.

Ich frage meine Klientin jetzt also, welche Werte wir zusammenfassen dürfen. Sie sagt: »Entspannung, Harmonie, Spaß und Kontakt gehören zusammen.« Da wir in ihrem Weltbild arbeiten, diskutiere ich das nicht weiter und frage stattdessen: »Was ist der Wert, in dem die anderen Werte enthalten sind?« Sie sagt: »Kontakt.« Ich teste: »Das ist für dich richtig so.« Und der Test hält.

»Welche Werte können wir noch zusammenfassen?« Sie antwortet spontan: »Wohlbefinden, Gesundheit und Schönheit. Schönheit schließt Wohlbefinden und Gesundheit ein.« Sie ist überrascht: »Das hätte ich nicht gedacht, aber es fühlt sich richtig an.« Eben weil sie irritiert ist, teste ich: »Diese Zusammenfassung ist richtig für dich.« Der Test hält.

Gerade die letzte Zusammenfassung bestätigt sie später als »großartig«. Gesundheit und Wohlbefinden sind für Rebecca Beiträge zu Schönheit, wobei sie aus ihrem beruflichen Alltag ergänzt, dass auch kranke Menschen schön sind, wenn sie »auf eine gesunde Weise mit ihrer Krankheit umgehen, statt sich dem Leiden hinzugeben.«

Die zehn Werte am Ende dieser Phase lauten:

- Schönheit
- Entwicklung
- Kontakt
- Anerkennung
- Kreativität
- Neugier
- Sicherheit
- Vertrauen
- »Vorbild sein«
- Ehrlichkeit

Ich teste, ob wir mit dieser Liste weiterarbeiten dürfen, und der Test hält. Wir haben die zehn wichtigsten Werte der Klientin erarbeitet und über den Myostatik-Test bestätigt.

Im nächsten Schritt frage ich Rebecca, welche Rollen sie aktuell am meisten interessieren. Ich biete ihr an, drei Rollen für die Bereiche Beruf, Privat, Selbst und eine »Joker-Rolle« auszusuchen. Statt sich nur auf »Arzthelferin« und »Mutter« zu beschränken, denkt Rebecca sofort an »Kollegin«, »Mitarbeiterin« und »Vorgesetzte«, sowie »Mutter«, »Tochter« und »Schwester«.

Im Kapitel »Du-Coaching« habe ich bereits gesagt, dass für manche Klienten diese Phase eine heilsame Wirkung hat. Sie sind eben mehr als das langweilige, lediglich beruflich und privat existierende Mauerblümchen. Sie haben auch »Selbst«-Rollen, wie »Sportlerin«, »die Lesende« oder der »Kummerkasten für die Freunde«. Zehn Rollen sind auch eine gute Vorgabe für Klienten, die sich gerne verzetteln und nicht entscheiden wollen, wer sie hauptsächlich sind.

Rebecca nennt diese Rollen:

- Ehepartnerin
- Mutter
- Kollegin
- Tochter der Mutter
- Tochter des Vaters
- Schwester
- Freundin
- Angestellte
- die sozial Engagierte
- die Gesundheitsbewusste
- Verwandte

»Verwandte« bezieht sie auf Angehörige und Verschwägerte aus ihrer Herkunftsfamilie. Ich bitte Rebecca, die Rollen auf zehn zu beschränken. Da sie zögert, teste ich: »Wir dürfen die Rollen auf zehn beschränken.« Der Test hält. »Wir streichen eine Rolle.« Der Test öffnet sich, das heißt, Streichen ist nicht erlaubt. »Wir ordnen eine Rolle einer anderen zu.« Der Test hält.

Ich teste weiter, welche Rolle es sein darf. Die Rolle, die wir zuordnen dürfen, sollte im Sinn einer Prozessaussage stabil testen: »Wir ordnen die Ehepartnerin einer anderen Rolle zu.« Der Test fällt schwach aus. Auf die gleiche Weise teste ich alle Rollen durch. Lediglich »die Gesundheitsbewusste« hält stabil, darf also zugeordnet werden.

Rebecca sagt; »Ich habe keine Ahnung, wo die dazugehört.« Auch das können wir testen: »Die Gesundheitsbewusste gehört zur Ehepartnerin.« »... zur Mutter.« »... zur Kollegin.« und so weiter.

Der Test hält lediglich bei »Die Gesundheitsbewusste gehört zu Ehepartnerin.« Und das ist für Rebecca auch bewusst stimmig. Sie mache sich immer wieder Gedanken um die Gesundheit ihres Partners, und selbst im Beruf sei sie immer aufmerksam. Sie erlebt bei den Patienten, worauf sie auch bei ihrem Partner achten kann: Sie ist besonders gesundheitsbewusst in Bezug auf ihren Partner.

Unsere Liste sieht jetzt so aus:

Ehepartnerin
• Mutter
• Kollegin
• Tochter der Mutter
• Tochter des Vaters
• Schwester
• Freundin
• Angestellte
• die sozial Engagierte
• Verwandte

Die Tests: »Diese Liste ist jetzt vollständig.« und »Wir dürfen damit weiterarbeiten.« halten beide.

Zusammenfassung bis hier: Wir haben über die Erfüllungskriterien die Werte erarbeitet und sie über den Myostatik-Test bestätigt. Wir haben auch die Rollen identifiziert und bestätigt, die in dieser Lebensphase der Klientin besonders wichtig sind.

wingwave-Coachs, die mit möglichst geringem Aufwand möglichst viel bewirken möchten, können aus dieser Kombination von Werten und Rollen schon jetzt ein komplettes Rollen-Werte-Coaching entwickeln. Sie können in den Coaching-Sitzungen die Rollen durchtesten und sich für die Arbeit mit schwächenden Rollen entscheiden.

Sollte beispielsweise »Tochter der Mutter« schwach testen, führe ich die Klientin in diese Rolle hinein und überprüfe anschließend alle Werte. Testet in unserem Beispiel der Wert Kontakt in der Rolle »Tochter der Mutter« schwach, dann verfolge ich diesen Zweig. Möglicherweise taucht ein Bild auf, das zu dem Wert passt. Wahrscheinlich gehört es zu einem Ereignis, das diesen Wert belastet. Wir können direkt am Thema weiterarbeiten oder aber dieses Bild festhalten und im Sinn der Metaprogramme überprüfen: »Es ist ein Thema der Vergangenheit, ... der Gegenwart, ... der Zukunft.« »Du erlebst dich in dem Thema, ... du erlebst es wie eine Zuschauerin von außen« und so weiter.

Dieses Vorgehen nutzt die schnelle limbische Reaktion und entspricht ganz dem wingwave-Coaching, wobei der Fragenbaum sich aus den individuell (!) erarbeiteten Werten, Rollen und den vorgegebenen Metaprogrammen zusammensetzt.

Rollen-Werte-Abgleich mit wingwave

Auch der klassische Rollen-Werte-Abgleich lässt sich mit dem Myostatik-Test nachentwickeln. Wenn die Arbeit bis jetzt gut gelaufen ist und zwischen Klient und Coach ein guter Rapport herrscht, brauchen wir das in der Regel nicht, weil die Ergebnisse, wie wir im Folgenden sehen werden, ziemlich nah beieinander liegen. Schließlich sind auch die spontanen Zahlen, die wir für einen bestimmten Wert in einer bestimmten Rolle bekommen, limbische Impulse, die am Bewusstsein des Klienten vorbei moderiert werden können.

Ich frage zum Beispiel: »Auf einer Skala von 1 bis 10, wenn 1 flopp ist und 10 top: Wie lebst du den Wert Entwicklung in deiner Rolle als Schwester zurzeit?« Lautet die Antwort spontan und kongruent: »6.«, dann kann ich ziemlich sicher sein, dass dieser Wert aktuell zutrifft. Denkt Rebecca zu lange nach und sagt: »Könnte 7 oder 8 sein.«, dann frage ich: »Welche Zahl tauchte auf meine Frage als erste auf?« »Naja, das war dann eine 6.« Nach meinen Erfahrungen ist dieses erste Bild einer Zahl das Zutreffende.

Natürlich könnte ich jeden Wert sofort mit dem Myostatik-Test limbisch überprüfen. Das behindert den zügigen Verlauf des Verfahrens und kann später nachgeholt werden. Im Moment sage ich der Klientin, sie müsse zu diesem Zeitpunkt gar nicht wissen, warum es eine »6« und keine »7« oder »8« ist und es reiche vollkommen, diese Informationen einfach so anzunehmen.

Abfrage Wert gegen Wert

Gleich nach dem Rollen-Werte-Abgleich frage ich Wert gegen Wert ab: »Was ist dir wichtiger: Schönheit oder Entwicklung? Schönheit oder Kontakt? ... bis Schönheit oder Ehrlichkeit?«

Der nächste Block ist dann Entwicklung im Vergleich zu allen Werten bis zu Ehrlichkeit, dann Kontakt und so weiter.

Am Flipchart markiere ich dabei jedes Mal den Treffer, also den aktuell wichtigeren von zwei Werten. Wenn meine Klientin gerade keine Präferenz nennen kann, zum Beispiel bei Anerkennung und Kreativität, dann helfe ich ihr mit einer Alternativfrage: »Kannst du Anerkennung bekommen, ohne kreativ zu sein? Oder kannst du kreativ sein, ohne Anerkennung dafür zu bekommen?« Kommt dann noch immer keine Antwort, sage ich: »Angenommen, du müsstest (!) auf Anerkennung oder Kreativität verzichten, was bleibt übrig?«

Addieren wir dann die Treffer auf, müssen es 45 Entscheidungen sein.

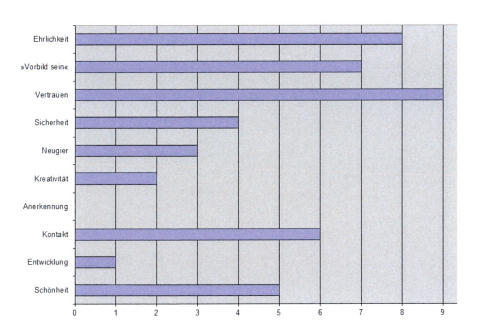

Grafisch abgebildet sieht Rebeccas aktuelle Hierarchie in dieser einfachen Abfrage so aus: Am wichtigsten sind ihr Vertrauen und Ehrlichkeit vor »Vorbild sein«, Kontakt und Sicherheit. Weniger wichtig sind ihr in

Rollen- und Werteabgleich: 10 Rollen und 10 Werte

Name: Rebecca   geboren: -

Datum der Analyse: -

Rollen	Schönheit	Entwicklung	Kontakt	Anerkennung	Kreativität	Neugier	Sicherheit	Vertrauen	»Vorbild sein«	Ehrlichkeit	Summe	Handlungspriorität Rollen
Ehepartnerin	8	8	8	7	7	9	9	8	9	9	82	
Mutter	7	6	7	7	2	8	7	8	10	8	70	
Kollegin	7	8	7	8	8	7	8	8	8	9	78	
Tochter der Mutter	6	4	4	7	2	6	7	7	7	7	57	
Tochter des Vaters	4	2	2	6	6	6	6	6	8	8	54	3
Schwester	6	6	6	7	6	8	7	7	7	8	68	
Freundin	7	6	7	7	6	6	7	6	7	8	69	
Angestellte	3	2	1	3	3	3	3	2	8	8	36	2
die sozial Engagierte	6	6	7	6	4	7	6	6	6	8	62	
Verwandte	2	2	2	4	2	6	6	3	4	8	39	1
Summe	56	50	51	62	46	66	66	63	74	81	615	
Handlungspriorität Werte			1					2				

Werte

Wie intensiv lebst du Wert (X) in der Rolle (Y)?

Baustellen   beobachtbar

Ressourcen

dieser Reihenfolge: Neugier, Kreativität, Entwicklung und Anerkennung. Anerkennung ist ihr zwar ein wichtiger Wert, aber es »brennt« in diesem Bereich nicht so sehr, dass sie sich darum kümmern müsste. Möglicherweise, wie wir gleich bestätigt finden werden, ist es nicht einmal eine Baustelle innerhalb des Rollen-Werte-Abgleichs.

Grundtabelle Rebecca

Wenn wir nur diese Tabelle sehen, dann erkennen wir folgende Ressourcen und Baustellen in den Summen der Wertespalten und bei den Summen der Rollenspalten:

»Ehepartnerin«, »Mutter« und »Kollegin« sind gut besetzte Rollen, also Ressourcen. Baustellen-Rollen sind »Tochter des Vaters«, die »Angestellte« und »die Verwandte«. Beobachtbar sind »Tochter der Mutter«, »Schwester«, »Freundin« und »die sozial Engagierte«.

Bei den Werten sind Entwicklung, Kontakt und Kreativität am schwächsten bewertet; Ressourcen sind Neugier, Sicherheit, »Vorbild sein« und Ehrlichkeit. Im gelben Bereich sind Schönheit, Anerkennung und Vertrauen.

Mit diesem Ergebnis können wir diese Tabelle bereits als Metapher für ein Gespräch darüber nutzen, wie Rebecca die Baustellen-Rollen entwickeln kann. Den Summen in den Zeilen entsprechend, würden wir in der Reihenfolge Angestellte, Verwandte und Tochter des Vaters vorgehen. Bei den Werten wäre es zuerst die Kreativität, dann die Entwicklung und dann der Kontakt.

Ich empfehle, immer mit den Baustellen zu arbeiten und die Ressourcen als Modelle zu nutzen: »Gibt es etwas, was du aus deiner Rolle Ehepartnerin (Ressource) für deine Rollen Angestellte oder Verwandte (Baustellen) lernen kannst?« Oder: »Wie genau lebst du Vertrauen (Ressource) als Freundin anders als Vertrauen (Baustelle) in deiner Rolle Verwandte?«

Feintuning bei der Reihenfolge der Werte

Wenn wir den Abgleich Wert-gegen-Wert berücksichtigen, dann verschieben sich die offensichtlichen Baustellen bei den Werten ein wenig.

Vertrauen ist für Rebecca am wichtigsten und in der Tabelle als beobachtbarer Bereich markiert. Das kommt erst einmal auf unsere Merkliste, denn der wichtigste Wert, Vertrauen, als beobachtbarer Bereich kann schnell zu einer Baustelle werden. Noch muss Rebecca hier also nicht eingreifen, aber mindestens in den Rollen Angestellte und Verwandte ist Vertrauen ein kritisches Thema. Aber vielleicht gibt es dringendere Werte, um die sich Rebecca bemühen sollte.

Am Zweitwichtigsten ist ihr Ehrlichkeit, gefolgt von »Vorbild sein«, die in der Tabelle beide als Ressourcen hoch bewertet sind. Um die muss sie sich deshalb ebenfalls aktuell nicht kümmern.

Kontakt kommt als nächstes und ist bei den Werten eine eindeutige Baustelle. Bei diesem Wert würde ich im weiteren Coaching als erstes ansetzen.

Dann kommen Schönheit und Sicherheit, die beobachtbarer Bereich oder Ressource sind. Die anderen Werte, Neugier, Kreativität, Entwicklung und Anerkennung sind ihr zwar wichtig, sonst wären sie nicht in den Top 10. Aber da unsere Mittel in der Regel begrenzt sind, schlage ich ihr jetzt vor, stattdessen doch etwas für den Wert Vertrauen zu tun, denn das ist ihr wichtigster Wert und zurzeit beobachtbarer Bereich. Und erfahrungsgemäß hat ein erschüttertes Vertrauen Folgen für das gesamte System.

Mit Hilfe der Wert-gegen-Wert-Auswertung können wir dem Klienten also helfen, seine Baustellen auf der Ebene der Werte weiter einzugrenzen.

Zusammenfassung und erster Ausblick

Auch diese Analyse ist nicht in Stein gemeißelt! Und wir werden sie noch limbisch nachentwickeln. Aber schon jetzt ist sie eine Metapher zur Orientierung im Coaching und Selbstcoaching. Wir können damit ein Gespräch darüber führen, welche Handlungen dazu beitragen, belastete Werte und Rollen weiterzuentwickeln.

Wir können zum Beispiel im Sinn der Metaprogramme fragen: »Bist du eher auf Dinge, Informationen oder Menschen hin orientiert, wenn es um deinen Wert Entwicklung im Allgemeinen geht?« »Und wie sieht es mit diesem Metaprogramm spezifischer bei dem Wert Entwicklung in deiner Rolle als Tochter des Vaters aus?«

Hieraus ergeben sich konkrete Ziele und Handlungspläne. Rebecca beispielsweise entscheidet sich, stärker auf Kommunikationsstrategien im Unternehmen zu achten, weil sie auf die langfristige Entwicklung der Praxisausstattung nur auf diese Weise Einfluss nehmen kann. Als Tochter ihres alten Vaters wird sie sich auf ihre pflegerischen Notwendigkeiten konzentrieren und den Vater in seiner noch bestehenden Selbstständigkeit weiter herausfordern, damit er im Rahmen seiner Möglichkeiten »im Training« bleibt.

Nach meinen Erfahrungen als Werte-Manager kommen wir mit den bisherigen Ergebnissen bereits sehr weit und können mittelfristige Ziele für Werte, Rollen und Werte in Rollen ausarbeiten. Mittelfristig heißt, dass wir im »Du-Coaching« wie auch im Selbstcoaching den aktuellen Zustand in der Regel für mindestens drei Monate als Orientierung nehmen. Wir sollten erst danach die Skalierung und Auswertung mit den gleichen Werten und Rollen wiederholen.

Feintuning der Ergebnisse mit wingwave

In wingwave ausgebildete Coachs können auch die Skalierung im Rollen-Werte-Abgleich überprüfen. Für einen Coach ist der Myostatik-Test eine große Hilfe, die Ergebnisse bestätigen zu lassen und gegebenenfalls anzupassen. Das bietet sich an, wenn der Klient bei der Skalierung, dem Wert-gegen-Wert-Abgleich und der weiteren Deutung zögert. Stimmen alle Ergebnisse hinterher auch limbisch, dann haben wir unsere Arbeit für den Klienten bestmöglich getan.

Und so geht es:

Ich lasse Rebecca die Tabelle als Ganzes anschauen und teste mit dem Myostatik-Test: »Es ist in Ordnung für dich, dass wir diese Tabelle jetzt überprüfen.« Hält der Test, dann können wir weiterarbeiten, falls nicht, ist vielleicht ein anderer Termin besser oder die Tabelle bereits in Ordnung.

Bei Rebecca hält der Test. Ich teste weiter: »Die eingetragenen Werte sind in Ordnung.« Der Test öffnet, das heißt, wir müssen die Werte überprüfen. Ich bitte Rebecca, sich die Zeile mit der Rolle »Ehepartnerin« anzuschauen und teste: »Die Werte sind richtig.« Darauf reagiert der Test mit Schwäche. Ich nenne ihr jetzt die jeweiligen Werte und die Eingaben: »Schönheit: 8.« Der Test hält. »Entwicklung: 8«. Hier öffnet der Test. Ich teste weiter: »Weniger als 8 ist richtig.« Der Test öffnet. Ich teste »9 ist richtig.« Der Test hält. »10 ist richtig.« Der Test öffnet wieder. Damit ist bestätigt, dass bei Ehepartnerin die Zahl 8 auf 9 erhöht werden muss.

Auch bei Kontakt in der Rolle »Ehepartnerin« testet der Wert 8 mit Schwäche. Wir entwickeln nach. »Mehr als 8 ist richtig.« Der Test öffnet. »Weniger als 8« hält. »7 ist richtig« hält. Biete ich »6 und weniger« an, dann reagiert der Test mit Schwäche. »7« ist also der richtige Wert für Kontakt als »Ehepartnerin«.

Auf diese Weise gehe ich jeden einzeln Wert der Rolle durch und teste dann die gesamte Rolle: »Die Zeile Ehepartnerin mit den Werten ist jetzt richtig.« Der Test hält.

Wir wenden uns nach diesem Muster der nächsten Rolle zu. Die Rollen »Mutter«, »Tochter der Mutter«, »Tochter des Vaters«, »Schwester«, »Angestellte« und »Verwandte« werden bei jeweils einem bis drei Werten leicht verändert. Die »Kollegin«, »Freundin« und »die sozial Engagierte« sind auch limbisch gesehen bereits korrekt skaliert. Hier gibt es keine Änderungen.

Wenn von 100 skalierten Werten 25 nur leicht nach oben und unten verändert werden müssen, dann ist das ein gutes Ergebnis für die Moderation des ursprünglichen Rollen-Werte-Abgleichs. Erst recht bei einer möglicherweise etwas unsicheren Klientin.

Ich teste hinterher: »Die Tabelle ist jetzt in Ordnung so.« Der Test hält. »Wir dürfen damit weiterarbeiten.« Auch der Test hält.

Unsere limbisch überprüfte Tabelle sieht anschließend so aus:

Rollen- und Werteabgleich: 10 Rollen und 10 Werte

Name: Rebecca geboren: -

Datum der Analyse: -

Rollen \ Werte	Schönheit	Entwicklung	Kontakt	Anerkennung	Kreativität	Neugier	Sicherheit	Vertrauen	»Vorbild sein«	Ehrlichkeit	Summe	Handlungspriorität Rollen
Ehepartnerin	8	9	7	8	6	9	8	8	9	8	80	
Mutter	8	7	7	7	2	8	7	8	10	8	72	
Kollegin	7	8	7	8	8	7	8	8	8	9	78	
Tochter der Mutter	6	6	4	7	6	6	7	7	8	3	60	
Tochter des Vaters	4	2	3	3	6	6	5	6	8	8	51	3
Schwester	6	5	6	7	6	8	7	7	7	8	67	
Freundin	7	6	7	7	6	6	7	8	7	8	69	
Angestellte	3	5	5	3	4	3	3	2	8	8	44	1
die sozial Engagierte	6	6	7	6	4	7	6	6	6	8	62	
Verwandte	5	3	2	4	2	6	6	6	4	8	46	2
Summe	60	57	55	60	50	66	64	66	75	76	629	
Handlungspriorität Werte		2		1								

Wie intensiv lebst du Wert (X) in der Rolle (Y)?

Baustellen beobachtbar

Ressourcen

»Tochter des Vaters«, »Angestellte« und »Verwandte« sind weiterhin Baustellen, »Ehepartner«, »Mutter«, »Kollegin« sind Ressourcen-Rollen, »Tochter der Mutter«, »Schwester«, »Freundin« und »die sozial Engagierte« sind weiterhin beobachtbarer Bereich.

Bei den aufsummierten Werten hat sich eine leichte Veränderung ergeben: Baustellen sind weiterhin Entwicklung, Kontakt und Kreativität. Ressourcen sind jetzt Neugier, Vertrauen, »Vorbild sein« und Ehrlichkeit. Schönheit, Anerkennung und Sicherheit sind beobachtbare Bereiche. Vertrauen kommt, limbisch getestet, besser weg als zuvor, während Sicherheit von Ressource zu beobachtbar heruntergestuft ist.

Wert-gegen-Wert-Abgleich im wingwave-Coaching

Den Wert-gegen-Wert-Abgleich kann man mit dem Myostatik-Test ebenfalls überprüfen. Das ist mit einem kurzen Test und Gegentest zweier einander gegenübergestellter Werte leicht zu bewältigen und sollte bei allen möglichen Paarungen getan werden. Nehmen wir das Beispiel Schönheit und Entwicklung.

Zu Schönheit, daran erinnere ich hier, gehören in Rebeccas Weltbild auch Kriterien wie Gesundheit und Wohlbefinden. Im ursprünglichen Abgleich von Schönheit und Entwicklung hat sie geantwortet, Schönheit sei ihr wichtiger. Ich teste jetzt: »Schönheit ist wichtiger als Entwicklung.« Der Test hält. Gegentest: »Entwicklung ist wichtiger als Schönheit.« Der Test reagiert mit Schwäche, die ursprüngliche Antwort wird also durch den Test bestätigt.

Anders ist es bei Schönheit und »Vorbild sein«. Hier hatte Rebecca spontan geantwortet, »Vorbild sein« sei ihr wichtiger. Allerdings führt die Aussage: »Vorbild sein« ist wichtiger als Schönheit« zu einer Schwächereaktion. Und der Gegentest »Schönheit ist wichtiger als »Vorbild sein« hält. Hier korrigieren wir die ursprüngliche Antwort.

Bei den 45 Kombinationen gibt es in unserem Beispiel, limbisch getestet, elf Veränderungen. Hier das Ergebnis:

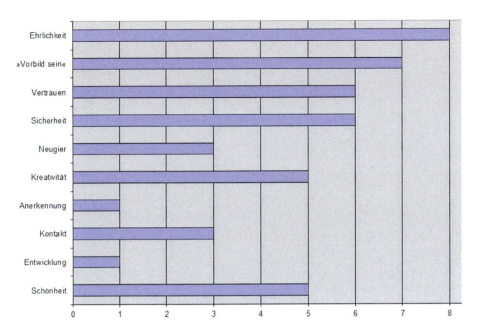

Die abschließenden Tests: »Das Ergebnis ist jetzt in Ordnung so.« und »Wir dürfen damit weiterarbeiten.« halten. Wir haben jetzt zwei weitere Bestandteile des Wertemanagements limbisch bestätigt und können uns jetzt an eine neue Deutung wagen.

Ehrlichkeit, »Vorbild sein« und Vertrauen gehören zu den vier wichtigsten Werten Rebeccas und sind alle im grünen Bereich, also Ressourcen. Ihr viertwichtigster Wert, Sicherheit, ist beobachtbarer Bereich, schwächelt also ein wenig.

Kreativität und Schönheit sind als fünfter und sechster Wert im Wert-gegen-Wert-Abgleich auf gleicher Stufe. Während Schönheit beobachtbarer Bereich ist, ist Kreativität eine eindeutige Baustelle. Das gilt auch für Kontakt.

Neugier, die Rebecca nach dem Myostatik-Test gleich wichtig ist wie Kontakt, ist jedoch relativ hoch bewertet und eine Ressource. Anerkennung ist ihr mit einem Zähler ein bisschen wichtiger geworden und steht im Wert-gegen-Wert-Abgleich jetzt auf gleicher Stufe wie Entwicklung. Entwicklung ist zwar in der getesteten Tabelle eine Baustelle, im Vergleich zu allen anderen Werten aber abgeschlagen und akut nur eine nebensächliche Baustelle.

Vergleichen wir die Endergebnisse der Ursprungstabelle und der Tabelle, die wir mit dem Myostatik-Test nachentwickelt haben, dann finden wir den Wert Kontakt als Baustelle bestätigt, während Kreativität nach der limbischen Überprüfung die höhere Ladung aufweist. Wir können das Ergebnis für den weiteren Verlauf direkt testen:
»Kontakt ist eine Baustelle.« Der Test hält.
»Kreativität ist eine Baustelle.« Der Test hält.

In der ursprünglichen Auswertung war Vertrauen der wichtigste Wert und beobachtbarer Bereich. Deshalb teste ich als Gegenprobe: »Vertrauen ist eine Baustelle.« Und der Test öffnet. Wir brauchen uns um den Wert Vertrauen gerade nicht bemühen.

Jetzt können wir wingwave-konform weiterarbeiten und direkt die belasteten Werte testen. Ich möchte wissen, auf welchem Wert die höhere Ladung liegt und teste sie als Inhaltsaussage: »Kontakt«. Test hält. »Kreativität«. Der Test öffnet. Wir würden also mit dem Wert Kreativität im Allgemeinen oder in den jeweiligen Rollen weiterarbeiten.

Für meine Klientin fasse ich das Ergebnis so zusammen:

Da immer nur die drei relativ höchsten Spaltensummen, Zeilensummen und skalierten Werte in den Zellen als Ressourcen und die drei niedrigsten als Baustellen und die Zwischenwerte als beobachtbarer Bereich markiert werden, gibt es in jedem System Werte-Baustellen und Rollen-Baustellen. Ob jemand diese Standortbestimmung als Entwicklungshilfe nutzen mag, bleibt ihm überlassen. Sollte jemand aber an der eigenen Entwicklung beruflich, privat oder persönlich interessiert sein, dann muss er sich nicht um alle Baustellen gleichzeitig kümmern, sondern kann mit den wichtigsten beginnen.

Die Ressourcen können als Modelle für Lebensbereiche genutzt werden, in denen es aktuell gerade kriselt. Wo genau wir ansetzen können, das hat uns die vorgestellte Methode ziemlich anschaulich gezeigt.

Für Rebecca ist Kreativität aktuell die größte Baustelle. Sie bestätigt, dass ihr Alltag vor allem aus Routinen besteht, die zu keinen Lösungen für lange bestehende berufliche und private Themen führen. Sie wird sich nach der aktuellen Standortbestimmung, die wir auch limbisch nachentwickelt haben, auf die Rollen »Mutter«, »Angestellte«, »die sozial Engagierte« und »Verwandte« konzentrieren.

Natürlich könnte sie sich auch um alle anderen Baustellen kümmern. Aber Wertemanagement soll Übersicht schaffen und Übersicht fördern. Nach meinen Erfahrungen als Entwickler und Anwender wirkt die Veränderung bei einem Wert, bei einer Rolle oder einem Wert in einer Rolle wie der Zug an einem Knoten eines aufgespannten Netzes. Die Spannung im gesamten System verändert sich!

Schlusswort

Es gibt viele ressourcen- und lösungsorientierte Verfahren, um das Wertecoaching nach der Standortbestimmung mit dem Werte-Manager weiterzuentwickeln. Dazu gehört die Entwicklung von Zielen, die Aufhebung von Blockaden oder Wertekonflikten mit dem sogenannten Verhandlungsreframing aus dem NLP, wenn also ein Wert den anderen blockiert. Wenn andere Personen bei der Weiterentwicklung eine Rolle spielen, empfehle ich die Angleichung der Wahrnehmungspositionen oder die Timelinearbeit. Coachs mit einer wingwave-Qualifikation können auf das Repertoire der Hemisphärenstimulation zurückgreifen, sei es im Einzelcoaching wie auch im Selbstcoaching. Ich lade jeden Selbstanwender dazu ein, sich im Zweifelsfall ein Coaching zu gönnen und sich bei seinem eigenen Wertemanagement begleiten zu lassen.

Der »Werte-Manger« arbeitet einen persönlichen Standort wie einen ganz individuellen Fingerabdruck heraus. Ich habe noch keine zwei Menschen mit den gleichen Werten kennengelernt. Mindestens unterscheiden sie sich in den Erfüllungskriterien für diese Werte und damit in dem, was sie tatsächlich motiviert. Dabei münden alle Werte im gleichen Trichter. Was immer uns motiviert, lässt sich auf sechs universelle menschliche Grundbedürfnisse zurückführen, die gleichfalls Werte sind:

Ebene 1:   Liebe und Anerkennung
Ebene 2:   Sicherheit und Abwechslung
Ebene 3:   Beitrag (für andere und den Rest der Welt) und
           (persönliches) Wachstum.

Wer weiß, was ihm auf jeder dieser Ebenen wichtiger ist, der weiß auch, was ihn wirklich motiviert! Für die Nuancen darf man gerne ein bisschen mehr wissen. Und dabei hilft der Werte-Manager.

Ich wünsche Ihnen viel Erfolg, Klarheit und Spaß an der kreativen Gestaltung Ihres eigenen Lebens und beim Wertemanagement mit ihren Klienten!

Literatur

Besser-Siegmund, C. und Siegmund, H.: »wingwave-Coaching: wie der Flügelschlag eines Schmetterlings«. Überarbeitete und erweiterte Neuauflage von »EMDR im Coaching«. Paderborn 2010.

Besser-Siegmund, C. und Siegmund, H. (Hrsg.): »Erfolge zum Wundern«. Paderborn 2010.

Dahrendorf, R.: »Homo sociologicus«. Köln 1959.

Goffmann, E.: »Interaktion: Spaß am Spiel, Rollendistanz«. München 1973.

Kensok, P.: »A.M.P.E.L.: Diagnose- und Entscheidungshilfe im NLP«. In: Multimind 4/2000.

Kensok, P.: Flugangst oder: »Du kommst hier nicht rein!« In: Besser-Siegmund und Siegmund 2010: 150-152.

Kensok, P.: »Best of buecher-blog.net«. Band 1, Stuttgart 2012.

Kensok, P. und Dyckhoff, K.: »Der Werte-Manager«. Paderborn 2004.

Kluckhohn, C.: »Values and Value Orientation in the Theory of Action«. In: Parsons 1951.

Köster. G.: »Kurskorrekturen. Ethik und Werte in Unternehmen«. Bielefeld 2010.

Krüger, Ch. und Kensok, P. – »Das neue Verhandeln«. Göttingen 2012.

Lautmann, R.: »Wert und Norm – Begriffsanalysen für die Soziologie 5«. 2. Aufl. Opladen 1971.

Levinson, D. J.: »Role, Personality, and Social Structure in the Organizational Setting«. In: Lipset und Smelser (Hrsg.): Sociology. The Progress of a Decade. New York 1961.

Linton, R. : »The Study of Man«. New York 1936.

Malinowski, B.: »The Dynamics of Culture – An Inquiry into Race Relations in Africa«. Hrsg. von Kaberry, Ph. A. New Haven 1961.

Merton, R. K.: »Social Theory and Social Structure«. New York 1957.

Ottomeyer, K. und Scheer, R.-D.: »Rollendistanz und Emanzipation«. In: Bruder, K.-J.(Hrsg.): »Kritik der pädagogischen Psychologie«. Hamburg 1976.

Parsons, T. et al.: »Toward a General Theory of Action«. New York 1951.

Wertvolles im www von und mit Peter Kensok

www.peter-kensok.de und www.kensok.de
Mental-Coaching, Work Health Balance-Coaching und Business-Coaching mit systemischen Kurzzeit-Konzepten. Unterrichtet werden unter anderem Zeit- und Selbstmanagement, Neurolinguistische Verfahren (NLP) und Coaching-Techniken für Führungskräfte.

www.burnout-hilfe-stuttgart.de
Unterstützung durch Coaching mit systemischen Kurzzeit-Verfahren zur maßgeschneiderten Vorbeugung von Burnout.

www.wingwave-stuttgart.de und www.wingwave.com
Nicht nur Leistungssportler, Unternehmer und Führungskräfte schwören auf wingwave. Die beiden Links führen zu Instituten, die in dieser Technik zum Abbau von Blockaden und zur Leistungssteigerung ausbilden und auf Wunsch Coachs vermitteln.

www.buecher-blog.net
Buchtipps zu Ratgeberbüchern oder einfach nur zur besten Unterhaltung. Die »Best of buecher-blog.net« gibt es auch als Buch.

www.globalscout.de
Für den Kurzurlaub am Schreibtisch. Begegnungen mit der Welt auf unterhaltsame Art, wenn das Selberreisen gerade nicht möglich ist.

www.peace-support.de
Es gibt immer mehr als einen selbst. Das Peace Support Network e.V. unterstützt weltweit Friedensinitiativen. Peter Kensok ist Mitbegründer und Botschafter dieses Netzwerks.

Der Autor

Peter Kensok (* 1959) ist Ethnologe, Journalist, Trainer, Berater und Coach in Stuttgart.

Nach dem Studium und einem Redaktionsvolontariat bei einer Tageszeitung arbeitete er als freier Reisejournalist unter anderem für große, deutschsprachige Zeitschriften, Reise- und Sachbuchverlage.

Als redaktioneller Berater unterstützt er mittelständische Unternehmen. Er betreibt die Reiseseite www.globalscout.de, das Bücherportal www.buecher-blog.net.

Der Autor ist Mitbegründer und Botschafter des Peace Support Network e.V., das mit Unterstützung von Friedens- und Konfliktforschern Friedensinitiativen in Krisengebieten fördert.

Kontakt
Institut für Kommunikation und Coaching
Peter Kensok, M.A.
Telefon: + 49 (0) 711 - 24 39 43
E-Mail: info@peter-kensok.de
Web: www.peter-kensok.de

Freunde und Partner

Ganzheitliche Personalberatung
Beratung & Coaching

Wertemanagement, Personaldiagnostik, Personalentwicklung, Personalbeschaffung, Einzel- und Gruppen- Outplacement

Ich freue mich, Sie kennenzulernen!

Steffen Dockhorn
SD Personalberatung
Großbeerenstrasse 30
70499 Stuttgart

Tel: 0711 / 128 65 16
Fax: 0711 / 128 65 19
Mobil: 0163 / 276 79 77
E-Mail sd@sd-personalberatung.de
Internet www.sd-personalberatung.de

mindspots®

Petra Schächtele M. A.
RHETORIKERIN | SOZIOLOGIN | INFORMATIKERIN

SEMINARE — BERATUNG — COACHING:

- Wissen auf den Punkt gebracht!
- Kommunikation
- Rhetorik / Präsentation

- Schlagfertig sein, gelassen bleiben
- Sich selbst und andere führen und motivieren
- Verhandlungstraining – mit den Tricks der Anderen gekonnt umgehen

OLGASTR. 24 | 70182 STUTTGART | TEL: 0711 - 22 666 916 | MOBIL: 0151 - 401 777 22
E-MAIL: ps@mindspots.de | HOMEPAGE: www.mindspots.de